Dorothee Sölle
Fulbert Steffensky

Nicht nur
Ja und Amen

Von Christen
im Widerstand

Rowohlt

rororo rotfuchs

Herausgegeben von Ute Blaich und Renate Boldt

58.–62. Tausend Februar 1992

Originalausgabe
Veröffentlicht im Rowohlt Taschenbuch Verlag GmbH,
Reinbek bei Hamburg, Februar 1983
Copyright © 1983 by Rowohlt Taschenbuch Verlag GmbH,
Reinbek bei Hamburg
Die Rechte an den Fotos liegen bei den jeweiligen
Fotografen (s. a. Fotonachweis)
Umschlagfoto Jürgen Humburg / Kolorierung Georg Meyer
rotfuchs-comic Jan P. Schniebel
Alle Rechte vorbehalten
Satz Garamond und Helvetica (Linotron 404)
Gesamtherstellung Clausen & Bosse, Leck
Printed in Germany
680-ISBN 3 499 20324 3

Inhalt

Einleitung 9

Gerechtigkeit: Die große Wut im Bauch 12

Sünde: Wo ist Dein Bruder? Wo ist Deine Schwester? 20

Gnade: Das Beste bekommt man umsonst 28

Wunder: Die Lahmen gehen 32

Schöpfung: Siehe, es war alles sehr gut 38

Freiheit: Keine Macht für niemand! 45

Gebet: Die großen Wünsche lernen 50

Nachfolge: Was Du mit Deinem Leben tun willst 57

Glauben: Alles ist möglich 66

Kirche: Sie hatten alles gemeinsam 73

Ewiges Leben: In der Liebe bleiben 80

Reich Gottes: Freiheit vom Haben, Freiheit zum Leben 85

Kreuz: Der Schrei der Gefolterten 92

Gott: Es geht nichts verloren 99

Auferstehung: Geheimnis des Glaubens 103

Frieden: Gott rüstet einseitig ab 107

Fotonachweis 120

Einleitung

Eines ist klar: Wir, die wir dieses Buch zusammen schreiben, Fulbert und Dorothee, verheiratet, vier Kinder, sind Christen und schreiben nicht aus weiter Entfernung als kluge Beobachter. Wir fühlen uns mit Jesus verbunden und nennen uns deswegen nach ihm. Wir sind «Christiani», die zu Christus Gehörigen. Wir versuchen jedenfalls, Christen zu werden. Nicht, weil irgendwelche Eltern uns mal haben taufen lassen und nicht weil wir da eine Tradition wie ein nie geöffnetes Paket weitergeben wollen, sondern weil wir meinen, mit diesem Jesus besser dran zu sein als ohne ihn. Wir wollen nämlich ein anderes Leben als das, was wir jetzt haben, und wir finden, daß Jesus uns dabei hilft, den Weg zeigt, uns freier und glücklicher und auch ein bißchen besser macht, als wir jetzt sind. Darum brauchen wir Religion, und die beste, die wir hierzulande auftreiben konnten, ist die christliche – das werden viele Leute bestreiten, aber vielleicht lest Ihr das Buch erstmal durch, um unsere Gründe zu hören.

Als ich neulich mal wieder Eisenbahn fahr, sitzt da eine freundliche dicke Frau im Abteil, wundert sich, warum ich so eifrig lese und fängt schließlich an, mich ein bißchen auszufragen. Woher und wohin und was ich denn so mache. Ich weiß nicht, was ich sagen soll: «Was ich mache? ... Ja ... so ... eben Theologie», murmele ich schließlich.
«Was?? Theologie?» sagt sie, und ich geniere mich noch mehr und bringe «Ach, mit Religion und so» hervor.
«Dann sind Sie wohl Pastorin?» fragt die Frau mich, und ich sage: «So was Ähnliches. Ich schreibe Bücher über Religion.»
Wir wollen jetzt erst einmal erklären, warum uns das peinlich ist und was uns da so ins Stottern bringt. Das hängt nämlich mit der Kirche zusammen. Daß wir uns für Jesus interessieren, gern alte und neue Kirchenlieder singen, die Bibel für eins der besten Bücher halten – dafür bräuchten wir uns doch nicht zu schämen.

9

Das Problem ist die Kirche! Die meisten Leute, die wir kennen, denken von der Kirche, daß sie langweilig, doof, überflüssig, vielleicht was für Alte und Kranke sei, aber jedenfalls nichts für sie selber. Wir können nicht einfach «Ja und Amen» zur Kirche sagen. Wegen der Kirche genieren wir uns. Das ist, als kämen wir aus einer furchtbaren Familie: der Vater trinkt, die Mutter heult, und die Kinder streiten sich den ganzen Tag. Die Bischöfe fahren im Mercedes zu Hungerkonferenzen, zum Gottesdienst kommen ein paar alte Frauen, die Kinder sind froh, wenn sie die Konfirmationsschecks einstecken. So eine Familie ist das.

Das dumme ist nur, daß es trotz allem unsere Familie ist. Wir finden sie unausstehlich, blöd, bis zum geht nicht mehr, verlogen – aber wir halten zu ihr. Statt auszutreten, halten wir immer mehr zu ihr. Mit anderen Worten sagen wir: der Vater trinkt, die Mutter heult ... aber die Großmutter ist unheimlich gut, und mein kleiner Bruder ist überhaupt der Größte. So geht es uns mit der Kirche, übrigens beiden großen deutschen Kirchen, die Unterschiede finden wir nicht so wichtig. Die Kirchenleitungen und Bischöfe haben eine ungeheure Kunst entwickelt, weder Ja noch Nein zu sagen. Zu der Frage, ob sie lieber mehr oder lieber weniger Atombomben hier haben wollen, sagen sie zum Beispiel meistens «Jein». Die Pfarrer quasseln zu viel, die Gemeindeglieder schlafen seit Jahrhunderten ... aber der Jesus ist eben nicht umzubringen, und auf Albert Schweitzer und Dietrich Bonhoeffer und Martin Luther King lassen wir schon gar nichts kommen.

An diese Leute, die weiß Gott nicht nur Ja und Amen gesagt haben, denken wir bei diesem Buch, und von ihnen wollen wir erzählen. Wir wollen zu sagen versuchen, was wir schön finden an der Religion, wieso wir Gott und Christus und den Geist brauchen und warum wir die Kirche ertragen.

Wir wollen nicht zu denen gehören, die sich nur ducken und alles schlucken und nie weiterfragen; die mitmachen, auch wenn sie nichts davon halten; die halb mitmachen und sich halb darüber lustig machen und die selber so eine Wischiwaschiposition haben. Wir wollen gleich zu Anfang erklären, was Religion alles *nicht* ist.

- eine Sache zum Auswendiglernen, wofür man Punkte bekommt, wenn man alles schön aufsagen kann
- ein Gefühl, das man ein oder zweimal im Jahr aus der Kiste zieht, wenn Weihnachten ist oder man zu einer Beerdigung muß
- eine Einrichtung, die Menschen für dumm verkauft, ihnen erklärt, wen sie wählen müssen, welche Zeitung die richtige für sie ist
- eine Lehre, die einen dazu bringt, alles, was von oben kommt – von der Regierung, der Polizei, der Schulleitung, vom Atomkraftwerk und der Bundeswehr – für gut und richtig zu halten.

Das alles ist nicht Religion, sondern eine merkwürdige Mischung aus Dummheit, Gehorsam, Gefühllosigkeit, Abstumpfung und Feigheit, mit einem dünnen Aufguß von Gott angerührt. Wirkliche Religion, also wenn jemand echt fromm ist, ist ganz anders. Ein richtiger Christ hat Glaubenszweifel und Schwierigkeiten, mit allem was dazugehört; mit der Kirche und ihren Vertretern; mit der Bibel und ihren Auslegern; mit Jesus und was daraus geworden ist; mit Gott – und da wissen wir noch nicht einmal, ob wir *er* oder *sie* von Gott sagen sollen.
Die allerschlimmsten Schwierigkeiten für den richtigen Christen kommen allerdings nicht von der Kirche, sondern, jedenfalls hier bei uns, von dem Land, in dem wir leben, weil es ein sehr reiches Land ist, in dem Gott als der letzte Dreck angesehen wird.

Jesus sagt:
> «Ich bin der Weg, die Wahrheit und das Leben»,
>
> Johannes 14,6

Er sagte nicht: Ich bin die Glücksdroge, der beste Computer und die ewige Gesundheit. Zu dem Weg, von dem er spricht, gehö-

11

ren Leute, die ihn gehen; zu der Wahrheit, die er meint, gehören
Leute, die sie suchen; zu dem Leben, von dem er redet, gehört
vielleicht so eine Frage wie:
«Heute schon gelebt?» Komm mit, sagt dieser Jesus, laß dir
nicht einreden, du würdest glücklich, wenn du fürs Geld lebst.
Gott hat viel mehr mit dir vor.

Gerechtigkeit: Die große Wut im Bauch

Als ich ein Kind war, hab ich einmal gesehen, wie drei größere
auf einen kleinen Jungen losstürzten und ihn auf den Boden war-
fen und vertrimmten. Der Kleine heulte erbärmlich. Ich hatte
eine hilflose Wut im Bauch. Was konnte ich machen? Die beach-
teten mich gar nicht, ich war ja noch kleiner als mein Klassenka-
merad. Ich heulte auch, vor Wut, vor Empörung, vor Zorn.
Ihr habt das sicher schon mal ähnlich erlebt. Irgendein Unrecht
geht vor euren Augen vor sich, Größere gehen auf Kleine, Starke
auf Schwache, Superschlaue auf Langsame los.
Einer besitzt ein Haus und läßt es leer stehen, daneben wohnen
sie zu acht Personen in drei winzigen Zimmern. Irgend etwas
läuft ganz falsch, und wir wissen ganz genau: Das ist gemein!
Das soll nicht sein! Ein Mensch ist nicht dazu da, von anderen
verprügelt und gedemütigt, betrogen und ausgenutzt, belogen
und verhöhnt zu werden.
Diese Wut im Bauch, hat das etwas mit Gott zu tun? In jedem
Menschen steckt ein Bedürfnis nach Gerechtigkeit, ein Gefühl
für Gerechtigkeit und ein Wissen davon, was ungerecht und unerträglich ist. Ohne Gerechtigkeit können Menschen nicht leben. Es ist natürlich, wenn wir uns gegen Unrecht empören.
Viele Bauern und Arbeiter in der Dritten Welt kämpfen lieber
und opfern oft sogar das bißchen, was sie an Besitz haben, für
das, was sie als gerecht empfinden.

Wenn wir über Gott sprechen wollen, müssen wir erst mal etwas von der Gerechtigkeit wissen. Erstmal die Wut im Bauch kennenlernen und den Zorn darüber, daß wir zu klein, zu schwach und vor allem zu wenige waren, um das, was da vor unseren Augen und in vielen Formen geschieht, zu verhindern. Daß so etwas möglich ist! Die meisten Kinder kennen diese Wut, aber sie kommt ihnen im Laufe des Lebens oft abhanden, sie stumpfen ab. Erwachsenwerden heißt dann, den Sinn für Gerechtigkeit in sich ausrotten. Wenn ihr genau in euch hineinhört, werdet ihr diesen Sinn entdecken. Dann werdet ihr wissen: So kann es nicht weitergehen! Einmal muß das aufhören! Ihr entdeckt dann in euch selber eine Kraft, die Nein zur Ungerechtigkeit sagt und das Leben beschützen will. Das kann das Leben eurer Großmutter, einer ausländischen Nachbarfamilie oder auch das eines kleinen Tieres sein, das ihr beschützen wollt. Diese Kraft, für das Leben einzutreten, diese Liebe zur Gerechtigkeit, kommt von Gott. Gott kennen, bedeutet, das Gerechte zu tun.

Manche reden viel über Gott, um diese einfache Sache mit der Gerechtigkeit zu vermeiden und sie, sozusagen überfromm, aus der Welt zu schwätzen. Aber von Gott, unabhängig von Gerechtigkeit, können wir nicht sehr viel wissen. Wir wissen nicht, wo er wohnt: Im Himmel etwa? Bei den Raumflugkapseln? Wir wissen nicht, wie er aussieht: Ist er weiß? Und was wird ein Mensch mit schwarzer Hautfarbe, dessen Urgroßeltern von Weißen als Sklaven verkauft worden sind, davon halten? Ob er sich Gott mit der Hautfarbe eines Sklavenhändlers vorstellen kann? Wir kommen ziemlich in die Irre, wenn wir uns fragen, wie Gott wohl aussieht. Ist er ein Mann? Viele können sich nichts anderes denken. Aber immer mehr Frauen meinen heute, daß Gott mindestens so sehr eine Frau sei wie ein Mann. Und wenn ihr euch eine Frau vorstellt, die jeden Abend von ihrem betrunkenen Mann zusammengeschlagen wird, dann dämmert es wohl jedem, daß Gott ein bißchen mehr als ein Mann sein muß.

Es bringt nicht viel, über das, was wir von Gott nicht wissen, herumzuspekulieren.

Initiative der «Kirche von unten» (Friedensdemonstration)

Es gibt aber zwei Dinge, die wir von Gott wissen können: Das erste ist, daß er uns kennt, und zwar ganz genau. Besser als alle anderen Menschen uns kennen und auch besser, als wir uns selber kennen. Es ist unmöglich, ihn zu belügen. Es ist möglich, Gott zu vergessen. Wenn wir den Sinn für Gerechtigkeit ganz und gar in uns kaputtgemacht haben, dann haben wir Gott vergessen.

Das zweite ist, daß wir wissen, was Gott von uns will: Gerechtigkeit. Wenn wir einen Namen für Gott suchen, so ist der Name Gerechtigkeit. Die Bibel ist in diesem Punkt ganz konsequent. Sie sagt, Gott ist bei uns, wenn wir gerecht handeln. Auch wenn wir schwach, klein, ungeschickt oder behindert sind, wir sind mit Gott zusammen und darum stärker, wenn wir Gerechtigkeit suchen. Wenn wir ungerecht leben oder uns Augen und Ohren zuhalten, um das Unrecht nicht wahrzunehmen, ist Gott uns sehr fern und fremd.

Gott zieht die Unrechttäter zur Verantwortung. Es ist nicht wahr, daß Unrecht – wie zum Beispiel die Aufrüstung, durch die andere Menschen wirtschaftlich in Not geraten und verhungern – immer als richtig angesehen wird und sich nie etwas ändert. Gott steht auf der Seite derer, die benachteiligt werden, er hält zu ihnen. So wie das jetzt ist, wird es nicht bleiben, flüstert er ihnen ins Ohr. Die Bibel ist ein politisches Buch, ein Buch, das von Unrecht und Gerechtigkeit handelt. Lassen wir uns keinen blauen Dunst vormachen, daß sie *nur* religiös sei oder gar *rein religiös*, das ist eine Erfindung derer, die nicht verstehen wollen, daß Gott Gerechtigkeit ist und daß das, was Gott von uns erwartet, im Einzelfall sehr konkret ist. Es gibt eine biblische Geschichte von einem König und einem einfachen Bauern, in der es ziemlich brutal zugeht.

«Nach diesen Ereignissen begab sich folgendes: Naboth von Jesreel hatte einen Weinberg in Jesreel neben dem Palaste Ahabs, des Königs von Samaria. Und Ahab redete mit Naboth und sprach: Gib mir deinen Weinberg, ich will mir einen Gemüsegarten daraus machen, weil er so nah bei meinem Palaste liegt. Ich gebe dir einen besseren Weinberg dafür, oder wenn es dir gefällt, will ich dir den Kaufpreis in Geld bezahlen. Naboth aber sprach zu Ahab: Davor bewahre mich der Herr, daß ich dir das Erbe meiner Väter geben sollte! Da ging Ahab heim, mißmutig und voll Zorn über die Antwort, die Naboth von Jesreel ihm gegeben hatte, als er sprach: ‹Ich gebe dir das Erbe meiner Väter nicht.› Und er legte sich auf sein Bette, wandte sein Angesicht gegen die Wand und aß nichts. Da kam sein Weib Isebel zu ihm herein und fragte ihn: Warum bist du denn so mißmutig und issest nichts? Er antwortete ihr: Ich habe mit Naboth von Jesreel geredet und zu ihm gesagt: ‹Gib mir deinen Weinberg um bares Geld, oder wenn es dir lieber ist, will ich dir einen andern dafür geben.› Er aber sagte: ‹Ich geb dir meinen Weinberg nicht.› Da sprach sein Weib Isebel zu ihm: Führst eigentlich du noch das Regiment in Israel? Steh auf und iß und sei guten Mutes! Ich verschaffe dir den Weinberg Naboths von Jesreel. Und sie schrieb Briefe im Namen Ahabs, versiegelte sie mit seinem Siegel und sandte sie an die Ältesten und an die Vornehmen, die mit Naboth zusammen in der Stadt wohnten. In den Briefen schrieb sie: Ruft ein Fasten aus und laßt Naboth unter den Leuten obenan sitzen! Und setzt zwei nichtswürdige Menschen ihm gegenüber; die sollen wider ihn zeugen und sagen: ‹Du hast Gott und dem König geflucht.› Dann führt ihn hinaus und steinigt ihn zu Tode. Und die Ältesten und die Vornehmen, seine Mitbürger, die in seiner Stadt wohnten, taten, wie ihnen Isebel entboten hatte, wie in den Briefen geschrieben war, die sie ihnen gesandt. Dann sandten sie an Isebel und ließen ihr sagen: Naboth ist gesteinigt worden und ist tot. Als Isebel hörte, daß Naboth zu Tode gesteinigt worden sei, sprach sie zu Ahab: Steh auf und nimm den Weinberg, den Naboth von Jesreel dir um Geld nicht geben wollte, in Besitz. Naboth lebt nicht mehr; er ist tot. Als Ahab hörte, daß Naboth tot sei, stand er auf, um nach dem Weinberg Naboths von Jesreel hinabzugehen und ihn in Besitz zu nehmen.»

1. Könige 21,1–16

Wir denken, derjenige, der sie zuerst aufgeschrieben hat, muß die große Wut im Bauch gekannt haben, sonst hätte er sie nicht so erzählt. Wir kennen alle ähnliche Geschichten: eine Regierung denkt sich eine Flurbereinigung aus, eine Autobahn oder eine Startbahn soll gebaut werden, ein guter Preis für die Grundstücke wird angeboten, aber die Bauern wehren sich. Ein öffentliches Hearing wird vorbereitet, und Zeugen treten auf. Die Behörde beruft sich auf ein Gesetz, das es unter Strafe stellt, gegen *Gott und den König* zu reden.

Wenn die Königin Isebel und ihre Leute das Wort «Gott» brauchen, meinen sie etwas ganz anderes als wir in diesem Buch; sie meinen einen Gott, der zu den Reichen und Mächtigen hält und die wirtschaftlich Schwachen um ihr Recht bringt. «Gott» wird von Isebel benutzt, um einen Justizmord zu inszenieren. Die rechtliche Macht, also das Gesetz, die staatliche Behörde, die hier von der Königin dirigiert wird, und die Kirche machen gemeinsame Sache, so daß ein vollkommen unschuldiger Mensch ermordet wird. König Ahab nimmt sich den Weinberg.

Könnte die Geschichte hier aufhören? Das Furchtbare ist, daß wir alle jeden Tag Geschichten hören, die so aufhören. Die Habsucht triumphiert. Der Hausbesitzer erhöht die Miete und wirft die alten Mieter heraus. Die junge Lehrerin, die sich zu stark für den Frieden eingesetzt hat, wird nicht angestellt. Auch in unserem Land gibt es Leute, von denen plötzlich gesagt wird, daß sie *Gott und dem König feindlich gesinnt* wären, zum Beispiel wenn sie Kommunisten sind. Sie bekommen *Berufsverbot* und werden arbeitslos.

Viele Menschen sagen dann: so ist es eben. Daran kann man nichts machen. Es war immer so. Unter dem Kaiser, unter Hitler, unter Stalin – es ist immer dasselbe. Wer die Macht hat, der kriegt auch Recht. Man muß sich ducken und soll sich nur ja nicht einmischen.

Die Geschichten der Bibel hören nicht auf an dieser Stelle. Nie, wenn ihr das versteht! Das Wichtige in diesen Geschichten ist, daß sie Einspruch erheben gegen das Unrecht. Man kann das

Recht nicht ungestraft brechen oder beugen. Auch wenn es so aussieht, als sei Naboth tot und der König der lachende Sieger – die Geschichte ist hier nicht zuende. Gott hat auch noch etwas mitzureden. Er taucht auf in Menschen, die nicht sagen: So ist es, so war es, so wird es bleiben.

Einspruch erheben ist etwas, was wir aus der Bibel lernen können. Nicht nur Ja und Amen sagen!

In unserer Geschichte sucht sich Gott einen Mann namens Elia aus. Er begrüßt den König Ahab mit den Worten:

> «So redet Gott: Hast Du nach Deiner Mordtat auch schon das Erbe angetreten?»
>
> 1. Könige 21,19

Den Mächtigen die Wahrheit sagen ist eine alte Tradition der Propheten. Bei den nordamerikanischen Quäkern, einer kleinen religiösen Gemeinschaft, gehört dieses *Speak truth to power* zum Christsein. Es bedeutet: die Wahrheit aufdecken und nicht so tun, als habe man nichts gesehen und gehört. Und die Wahrheit laut sagen! Die Leute, die das tun, heißen in der Bibel *Propheten*. Ihre Aufgabe ist nicht, etwas vorauszusagen, wie ein Wetterprophet, sondern einem Volk, einem König, einer Gruppe von Menschen ein Strafgericht anzudrohen: So wird es kommen, wenn ihr auf diesem Wege weitermacht. König Ahab hat, als der Prophet Elia zu ihm sprach, bereut, was er getan hat. Er trauerte und fastete und änderte sich.

Die Bibel läßt kein Unrecht einfach stehen. Das hieße ja, daß Gott verstummt wäre. Aber Gott spricht – in kleinen Hirtenjungen und in alten Frauen und in vielen anderen, denen man von außen nicht ansehen kann, daß Gott durch sie spricht.

Während der Nazizeit mußten viele Juden in Deutschland auswandern und ihre Häuser zurücklassen. Sie bekamen höchstens einen Spottpreis für diese Häuser, wenn sie verkauften. Viele Deutsche waren froh, eine billige Judenvilla zu ergattern. In der Gegend, in der ich aufwuchs, zog ein junger Lehrer zu.

Man bot ihm ein leerstehendes Haus billig an. Aber er sagte: «In so ein Haus ziehe ich nicht. Es gehört rechtmäßig doch noch dem alten Besitzer.»

Damit hatte sich der Lehrer bei den Nazis unbeliebt gemacht. Man wußte, wo er politisch stand – so wie wir auch heute wissen können, wo ein Lehrer politisch steht und ob er für die Aufrüstung ist oder für die Abrüstung. Damals war das noch sehr viel deutlicher zu erkennen. Der junge Lehrer kam kurze Zeit später in ein Konzentrationslager.

Sünde: Wo ist dein Bruder? Wo ist deine Schwester?

Diese Anzeige haben wir in einer Zeitung gefunden. Wir finden es gut, daß Isolde und Burkhard Bartel so eine Anzeige aufgeben. Wir finden es richtig, daß Kinder wie Saskia und Maren in einer Umgebung aufwachsen, in der über die wichtigsten Dinge auch zu Hause gesprochen wird.

Todesanzeige

Von den 120 Millionen Kindern, die 1979 im „Jahr des Kindes" geboren wurden, sind bis heute mehr als 16 Millionen verhungert.

Heute, am 13. November 1981, am ersten Tag der Friedenswoche, sterben in der 3. Welt an Hunger

15000 Menschen

Und wir anderen geben an diesem Tag weltweit mehr als 3 Milliarden DM für Rüstung aus.

Wir trauern
Isolde und Burkhard Bartel
mit Saskia (2,5 Jahre) und Maren (1 Jahr)

Das Wichtigste, das Schlimmste, was in unserem Jahrhundert passiert, könnt ihr aus der Anzeige entnehmen. Die meisten Menschen wissen es, zumindest so halb, wie man viele Dinge als Erwachsener weiß. Sogar unsere Politiker wissen es; trotzdem meinen die meisten von ihnen, sie müßten weiter aufrüsten, mehr Bomben bauen und noch mehr Leute verhungern lassen.

Wir leben in einem Wirtschaftssystem, das dafür Sorge trägt, daß Menschen in der Dritten Welt nicht geheilt werden von Krankheiten, die man längst besiegen kann. Durch Unterernährung, vor allem Proteinmangel, bleiben dort mehr und mehr Kinder geistig zurück. Es gibt keine Schulen für sie. Junge Mädchen verkaufen sich als Prostituierte, um die Familie zu ernähren.

Was können wir dafür? Hat es etwas mit uns zu tun? Die christliche Antwort auf diese Frage ist klar – auch wenn man sie oft in den Kirchen nicht klar genug hört. Der Hunger von zwei Dritteln der Menschheit ist nicht nur das Problem der Leute, die zu viele Kinder kriegen. Es ist unser Problem. Wir sind mit-verantwortlich.

Die große Wut im Bauch, der Hunger nach Gerechtigkeit, richtet sich nach zwei Seiten. Einmal gegen die, die so etwas wie verhungernde Kinder zulassen und uns gleichzeitig die Notwendigkeit von mehr Bomben mit klugen Worten erklären wollen. Aber die große Wut richtet sich auch gegen uns selber; denn wenn es einigen in einer Familie sehr schlechtgeht, so betrifft es auch die, denen es gutgeht, die Reichen. Die große Wut im Bauch ist nicht nur so ein ohnmächtiges Gefühl gegen die anderen da oben, die so eine Politik machen, sie weiß auch, daß wir mitbeteiligt sind, solange wir dulden, was geschieht, und richtet sich gegen uns selber.

Als wir Kinder waren, haben die Nazis versucht, die jüdischen und russischen Menschen auszurotten. Diese Verbrechen wurden *im Namen des deutschen Volkes* begangen. Auch wir – damals Jugendliche – gehörten zu diesem Volk, und sogar die, die viel später geboren sind, gehören zu demselben deutschen Volk. In diesem Sinn gibt es eine Mitverantwortung und eine Mitschuld.

Was heute an Unrecht geschieht, wird von den weißen reichen Völkern, zu denen wir gehören, geplant. Durch Handelsverträge sorgen die reichen Länder dafür, daß die Armen immer ärmer werden und für ihre Rohstoffe und Ernten immer schlechter bezahlt werden.

Nur ein Beispiel: Im Jahre 1972 konnte man ein Barrel (das entspricht 159 Liter) Öl in der Dritten Welt für 26 Kilogramm Bananen erwerben. Für die gleiche Menge Kraftstoff müssen die Bananenpflücker heute 200 Kilogramm Bananen zahlen. Diese Entwicklung geht weiter – und wir sind daran nicht unschuldig. Wir lassen das zu. Diesen Zusammenhang meinen wir, wenn wir sagen: Gott wird als der letzte Dreck in unserm Land angesehen.

Es gibt einen Zusammenhang zwischen dem Hunger der einen und dem Profit der anderen – und die Bibel weiß eine ganze Menge über diesen Zusammenhang.

> «Die oben sitzen,
> sind Untiere, auf Raub aus,
> sie fressen Menschen,
> stehlen Hab und Gut,
> mehren die Witwen im Land.»
> Hesekiel 22,25

Die Bibel hat sogar ein eigenes Wort für diesen Zusammenhang der Ausbeutung gefunden, sie nennt es *Sünde*, das kommt von *absondern, trennen*. Sünde ist, was uns von Gott trennt. Auch dann, wenn wir es nur von anderen geerbt haben, ist es Schuld, daß wir in einer Welt leben, die sich von Gott absondert und in der so viel Hunger herrscht, den es gar nicht geben müßte. Schuld trennt uns von Gott, sondert uns ab vom wirklichen Leben. Gott spielt dann keine Rolle mehr in unserem Leben. Wenn wir immer mehr Bomben und Giftgase in unserem Land lagern, dann tun wir das gegen Gott. Einmal, weil wir den Tod anderer, zum Beispiel der Russen planen und vorbereiten, und dann, weil wir die Menschen in der Dritten Welt, von denen die Anzeige spricht, verrecken lassen.

Die Bibel macht sich keine Illusionen darüber, daß Menschen einander töten können, was bei Tieren derselben Art sehr selten ist. Neid und Haß auf den, der anders ist als wir selber, spielen eine Rolle bei dem Gedanken, den wir alle kennen: Den könnte ich kaltmachen.

«Der Mensch aber wohnte seinem Weibe Eva bei, und sie ward schwanger und gebar den Kain. Da sprach sie: Ich habe einen Sohn bekommen mit des Herrn Hilfe. Und weiter gebar sie den Abel, seinen Bruder. Abel ward ein Schäfer, Kain aber ward ein Ackerbauer. Es begab sich aber nach geraumer Zeit, daß Kain von den Früchten des Ackers dem Herrn ein Opfer brachte. Und auch Abel brachte von den Erstlingen seiner Schafe dar und von ihrem Fette. Und der Herr sah wohlgefällig auf Abel und sein Opfer, auf Kain aber und sein Opfer sah er nicht. Da ergrimmte Kain gar sehr und blickte finster. Und der Herr sprach zu Kain: Warum ergrimmst du, und warum blickst du so finster? Ist's nicht also? Wenn du recht handelst, darfst du frei aufschauen; handelst du aber nicht recht, so lauert die Sünde vor der Tür, und nach dir steht ihre Begierde; du aber sollst Herr werden über sie! Darauf sprach Kain zu seinem Bruder Abel: Laß uns aufs Feld gehen! Und als sie auf dem Felde waren, erhob sich Kain wider seinen Bruder Abel und schlug ihn tot. Da sprach der Herr zu Kain: Wo ist dein Bruder Abel? Er sprach: Ich weiß nicht. Bin ich denn meines Bruders Hüter? Er aber sprach: Was hast du getan! Horch, das Blut deines Bruders schreit zu mir empor vom Ackerland. Und nun – verflucht bist du, verbannt vom Ackerland, das seinen Mund aufgetan hat, aus deiner Hand das Blut deines Bruders zu empfangen. Wenn du den Acker bebauen wirst, soll er dir hinfort seinen Ertrag nicht

mehr geben: unstet und flüchtig sollst du sein auf
Erden.»

1. Mose 4, 1 – 12

Wir haben alle etwas von Kain in uns. Die Geschichte ist uns
nicht erzählt, damit wir sagen können: So schlecht sind die
Menschen eben! Das ist eine ganz dumme, ganz blinde Bemer-
kung. Wenn wir ehrlich über die Geschichte nachdenken, so
kommen wir zu der Folgerung: Das hätte ich auch tun können.
Das hab ich mir auch schon gewünscht, einen anderen richtig
fertigzumachen. Jesus hat das in seiner Bergpredigt ganz klar-
gemacht.

«Ihr habt gehört, daß zu den Alten gesagt ist: ‹Du sollst
nicht töten›; wer aber tötet, soll dem Gericht verfallen sein.
Ich aber sage euch: Jeder, der seinem Bruder zürnt, soll
dem Gericht verfallen sein. Wer aber zu seinem Bruder
sagt: Raka! soll dem Hohen Rat verfallen. Wer aber sagt: du
Tor! soll der Hölle mit ihrem Feuer verfallen sein.»

Matthäus 5, 21 – 22

Wir haben alle etwas von Kain, dem Brudermörder, in uns. Das
können wir nur ändern und überwinden, wenn wir es wissen
und benennen. Darum spricht die Religion von Sünde und
Schuld. Manchmal ist in den Kirchen viel zuviel von Sünde und
Schuld die Rede, aber keiner sagt, wie man sich davon befreien
kann. Oft wird in den Kirchen auch die Sache mit der Sünde
verdreht: Von der großen Sünde – dem Töten, dem Kaltmachen, dem Verhungernlassen – ist gar nicht die Rede, sondern
alles dreht sich bei der Sünde um Sex. Von Sex wird allerdings
in der Kaingeschichte, in der das Wort *Sünde* zum erstenmal
auftaucht, gar nichts gesagt. Gottes Interesse ist, wie wir *miteinander* leben können und uns im Leben gegenseitig helfen
können. Einer soll der Hüter des anderen sein. Die große
Sünde, die uns von Gott trennt und uns dazu bringt, uns selber
zu hassen, wie Kain es tat, ist *gegen* andere Menschen gerichtet:

24

Sie beneiden, sie hassen, sie aus dem Wege räumen, sie gar nicht sehen wollen.

Am Anfang der Bibel stellt Gott die beiden wichtigsten Fragen an jeden Menschen. Die erste Frage heißt

«Wo bist Du?» 1. Mose 3,9

Die zweite Frage lautet

«Wo ist dein Bruder Abel?» 1. Mose 4,9

Mit diesen Fragen müssen wir leben, wir geben so oder so eine Antwort darauf. Sollen wir antworten wie Kain und sagen: Ich weiß nicht, wo mein Bruder und meine Schwester sind, sie gehen mich nichts an. Ob sie in einem Flüchtlingslager sind oder als alte Frau ganz allein um die Ecke wohnen, was geht mich das an – soll ich meines Bruders Hüter sein!

Oder können wir eine andere, bessere Antwort auf diese Frage finden?

Uns ist eine Geschichte eingefallen, die ein Freund, der im Gefängnis als Pfarrer gearbeitet hat, uns erzählt hat. In einem Gefängnis in New York war auch ein junger Schwarzer, der seine Mutter erschlagen hatte. Einmal hat unser Freund mit ihm darüber gesprochen, wieso es in einer verarmten Gegend, wo die Menschen zu dicht beieinander wohnen, in einer zerstörten Familie, ohne Hoffnung auf Arbeit und Lohn, mit Alkohol- oder Drogenabhängigen, die keinen Sinn in ihrem Leben sehen, zu so etwas kommen kann.

Während er noch die möglichen Gründe für das Verbrechen aufzählte, schrie der Schwarze plötzlich unseren Freund an:

«Hör endlich auf mit dem Gequatsche! Ich habe meine Mutter erschlagen! Das kannst du mir nicht wegreden. Das ist meine Schuld und nicht die der Verhältnisse!»

Der junge Mann hatte verstanden, daß Schuld zur menschlichen Würde gehört.

Wenn mir jemand meine Schuld ausreden will, dann nimmt er

mich nicht mehr ganz ernst. Dann versucht er, mich um etwas zu betrügen, was ich doch auch bin. Dann nimmt er mir etwas weg, was zu meinem Leben gehört. Wir könnten auch sagen: dann redet er mir Gott aus und gibt mir dafür ein bißchen Umweltpsychologie. Es gehört zur Größe des Menschen, daß er schuldfähig ist. Nur dann kann er sich von der Schuld weg- und zum Leben bekehren.

Gnade: Das Beste bekommt man umsonst

Ich hatte eine alte Tante, die eigentlich niemand aus der Familie mochte. Dabei tat sie alles, um sich die Zuneigung unserer Familie zu verdienen. Sie vergaß keinen Geburtstag. Wenn irgend jemand krank war, sprang sie ein. In der schlechten Zeit nach dem Krieg mußte sonntags jeweils ein Kind aus unserer Familie bei ihr essen. Obwohl das Essen dort besser war als bei uns, waren diese Sonntage für uns Kinder eine Qual. Am liebsten wären wir weggeblieben. Aber unser Hunger war größer als unser Stolz. Die Tante war für unsere Familie unentbehrlich und unerträglich. Natürlich erwartete sie Gegenleistungen für das sonntägliche Essen und für alles, was sie der Familie tat. Für ihre Geburtstage mußten wir besonders schöne Geschenke basteln. Wir mußten sie regelmäßig besuchen. Wenn in der Familie eine Entscheidung zu treffen war, beanspruchte sie das Recht, sich einzumischen. Kurz und gut, wir alle waren verpflichtet, sie für die allerliebste und die unentbehrlichste Verwandte zu halten. Sie war nicht bösartig, kein bißchen. Nur, sie wußte immer zu genau, was sie für die anderen tat. Und sie war überzeugt davon, daß man sie schon deswegen lieben müsse. Sie glaubte, sich unsere Liebe und Zuneigung verdient zu haben. Es ist eine traurige Geschichte. Das Höchste, was sie sich verdienen konnte, war unsere magere Dankbarkeit.

Vor ein paar Monaten hat die Regierung im Rahmen der Spar-
maßnahmen versucht, den Menschen in den Altersheimen das
Taschengeld zu kürzen, wo es ohnehin gering ist. Dahinter
steckt der gleiche Grundsatz, den die Tante hatte: Wer etwas
leistet, bekommt etwas. Wer nichts leistet oder auch nichts mehr
leisten kann, bekommt nichts. Das ist ein gnadenloser Grundsatz. Er führt dazu, daß die Würde derjenigen Menschen am
stärksten verletzt wird, die am wenigsten leisten, die nichts mehr
«bringen». Beispiele dafür sind die Gefängnisse, die Altershei-
me, die Häuser, in denen unsere Geisteskranken aufbewahrt
werden. An all diesen Stellen gibt die Gesellschaft den Menschen
nicht das, was sie brauchen, sondern das, was sie verdienen. Und
da sie so wenig leisten, verdienen sie kaum mehr als das nackte
Leben.

Es gibt viele Geschichten in der Bibel, die Einspruch erheben
gegen dieses Lohn-Leistungsdenken. Eine der eindringlichsten
wollen wir erzählen:

«Jesus sprach: Ein Mann hatte zwei Söhne. Und der jüngere von ihnen sagte zum Vater: Vater, gib mir den Teil des
Vermögens, der mir zukommt! Der aber verteilte seine Habe
unter sie. Und nicht viele Tage danach nahm der jüngere
Sohn alles mit sich und zog hinweg in ein fernes Land, und
dort vergeudete er sein Vermögen durch ein zügelloses Leben. Nachdem er aber alles durchgebracht hatte, kam eine
gewaltige Hungersnot über jenes Land, und er fing an,
Mangel zu leiden. Und er ging hin und hängte sich an einen
der Bürger jenes Landes; der schickte ihn auf seine Felder,
Schweine zu hüten. Und er begehrte, seinen Bauch mit
den Schoten zu füllen, die die Schweine fraßen; und niemand gab sie ihm. Da ging er in sich und sprach: Wie viele
Tagelöhner meines Vaters haben Brot im Überfluß, ich aber
komme hier vor Hunger um! Ioh will mich aufmachen und
zu meinem Vater gehen und zu ihm sagen: Vater, ich habe
gesündigt gegen den Himmel und vor dir; ich bin nicht

mehr wert, dein Sohn zu heißen; stelle mich wie einen deiner Tagelöhner! Und er machte sich auf und ging zu seinem Vater. Als er aber noch fern war, sah ihn sein Vater und fühlte Erbarmen, lief hin, fiel ihm um den Hals und küßte ihn. Der Sohn aber sprach zu ihm: Vater, ich habe gesündigt gegen den Himmel und vor dir; ich bin nicht mehr wert, dein Sohn zu heißen. Doch der Vater sagte zu seinen Knechten: Bringet schnell das beste Kleid heraus und ziehet es ihm an und gebet ihm einen Ring an die Hand und Schuhe an die Füße und holet das gemästete Kalb, schlachtet es und lasset uns essen und fröhlich sein! Denn dieser mein Sohn war tot und ist wieder lebendig geworden, er war verloren und ist wiedergefunden worden. Und sie fingen an, fröhlich zu sein.»

Lukas 15, 11–24

Der jüngere Sohn läßt seinen Vater und seine Familie im Stich. Das von der Familie mühsam und in langer Arbeit zusammengebrachte Vermögen verspielt und vergeudet er in kurzer Zeit. Er führt ein bedenkenloses und rücksichtsloses Leben. Und dann hat er nichts mehr. Nicht einmal Schweinefraß hat er, um sich seinen Bauch zu füllen. Schweinefutter war in der damaligen Zeit, in der das Schwein als unrein und ekelhaft galt, das letzte, was ein Mensch essen konnte. Dann erinnert sich der leichtsinnige Sohn an den Vater. Er kehrt zu ihm zurück, obwohl er weiß, daß er auf nichts mehr ein Anrecht hat, nicht einmal darauf, Sohn genannt zu werden.

Er kann sich auf nichts mehr berufen und nichts zu seinen Gunsten anführen. Wenn wir uns das Ende dieser Geschichte ausdenken sollten, könnten wir uns verschiedenes vorstellen. Ein harter, aber uns geläufiger Ausgang wäre, daß der Vater den Sohn abweist, daß er ihm sagt: Du hast deine Lebensentscheidung getroffen. Nun steh auch dafür ein und sieh zu, wo du bleibst.

Ein anderer Ausgang wäre, daß der Vater diesen Sohn zwar aufnimmt, ihm zu essen gibt, wie er es braucht, ihn aber doch eher versteckt, wie man ein mißratenes Mitglied der Familie nicht öffentlich zeigt und kaum von ihm spricht.

Aber diese Geschichte geht anders weiter: Der Vater benimmt sich fast lächerlich. Er sieht den Sohn von weitem kommen und läuft ihm auf seinen alten Beinen entgegen. Gerade will der Sohn mit seiner Entschuldigungsrede anfangen, die er wohl gut vorbereitet hat, da küßt ihn der Vater. Der Sohn wird keineswegs versteckt. Seine Heimkehr wird allen mitgeteilt. Der Vater sagt nicht: Siehst du! Ich hab's dir doch gleich gesagt! Er richtet ein Fest. Und nun übertreibt er wirklich: er läßt das beste Kleid für ihn bringen, das fetteste Kalb wird geschlachtet, und er kriegt auch noch einen kostbaren Ring – in dieser Situation erscheint uns das wirklich überflüssig.

Wie dieser Vater sich zu seinem verlorengegangenen Sohn verhält, das nennt die christliche Tradition *Gnade*.

Vielleicht können wir das Wort kaum noch hören, weil es inzwischen mißbraucht wurde. Oft hat man darunter die Herabneigung eines Höheren zu einem Niedrigeren verstanden, eines Starken zu einem Schwachen, eines Reichen zu einem Armen, eines Würdigen zu einem Unwürdigen. Wird das Wort Gnade so gebraucht, dann beleidigt es den Empfänger der Gnade, weil es seine Unwürdigkeit betont und die Überlegenheit des *Gnadenspenders*. Das Wort Gnade meint aber nicht die Erhabenheit des einen über den anderen. Gnade meint, daß man sich das, was unser Leben reich und wertvoll macht, nicht kaufen, nicht verdienen und nicht erarbeiten kann. Freundschaft, Liebe, die Zuneigung von anderen, Vergebung – all das kann man nicht kaufen, all das hat keinen Preis. Man kriegt es umsonst, man kriegt es geschenkt. Man muß darauf warten, man braucht es nicht zu bezahlen.

«Ich will nichts geschenkt haben», sagen manchmal besonders selbstbewußte Menschen. Aber wir können uns nicht nur mit dem begnügen, was wir verdienen. Das ist zu wenig zum Leben. Je älter man wird und je mehr man wahrnimmt, wie kärglich unsere *Verdienste* sind, um so wichtiger wird es, daß man mehr bekommt als nur das, worauf man ein Anrecht hat.

Einmal fragte ich einen alten Mann danach, was er unter Gnade verstehe. Er antwortete mir mit einer kleinen Geschichte: «Ich war als Soldat in Rußland und dort auch nach dem Krieg als Gefangener. Ich arbeitete bei einem Bauern, dessen beide Söhne von den Deutschen erschossen worden waren. Der Bauer ließ mich nachts mit der Familie auf dem warmen russischen Ofen schlafen. Sie ertrugen es, daß ich sie manchmal berührte. Das war für mich Gnade.»

Die russische Familie, deren Söhne ermordet worden waren, behaftete den Kriegsgefangenen nicht damit, was er war: Deutscher und Angehöriger einer mörderischen Armee. Sie teilten mit ihm, was sie hatten: ihre Wärme und ihre Menschlichkeit.

Wunder: Die Lahmen gehen

In unserer Sprache haben wir eine Anzahl von Sprichwörtern und Redewendungen, die ausdrücken, wie hoffnungslos die Menschen sich und ihre eigene Lage sehen:

- der Apfel fällt nicht weit vom Stamm
- was Hänschen nicht lernt, lernt Hans nimmermehr
- der kleine Mann kann nichts machen
- trau keinem über Dreißig

All diesen Sätzen ist gemein, daß sie die Zukunft nur als Fortsetzung der Vergangenheit sehen. Etwas Neues, etwas Anderes, Veränderung des Menschen wird in ihnen nicht gedacht. Der Mensch ist Opfer seiner Vergangenheit und Herkunft, und dabei bleibt es. *Der Apfel fällt nicht weit vom Stamm*, das heißt, wie die Herkunft eines Menschen, wie seine Umgebung ist, sein Vater, seine Mutter, seine jetzigen Lebensumstände, so wird alles bleiben! Ein Narr ist, wer auf die Veränderung des Lebens hofft. *Der kleine Mann kann nichts machen!* Aus der Tatsache, daß Menschen *klein* sind, daß sie wenig Einfluß auf ihre Lebensverhältnisse haben, wird geschlossen, daß das immer so bleiben muß. Besonders arme Leute haben solche Gedanken. Die Armut knechtet die Menschen nicht nur in ihren äußeren Lebensverhältnissen – darin, daß sie keine Arbeit haben, zu wenig Brot zum Essen, kein richtiges Dach über dem Kopf. Die Armut tastet auch die Seelen der Menschen an. Denn sie verlieren den Glauben daran, daß sich etwas ändert und daß sie selber an ihrer Situation etwas machen können. Weil sie die Hoffnung aufgegeben haben, verlieren sie die Fähigkeit zu planen und zu handeln. Sie warten ab und ducken sich und hoffen, daß die schlimmsten Lebensstürme sie nicht völlig zerschmettern, wenn sie sich nur tief genug ducken. Wenn sie noch eine Hoffnung haben, dann ist es eine Art Lotterie-Hoffnung. Die Hoffnung darauf, daß das große Glück auch sie einmal treffen kann; daß der große Treffer auch auf sie einmal fallen könnte, selbst wenn die Aussichten eins zu einer Million stehen. Es ist auffällig, daß das Lotteriespiel bei den Menschen am meisten verbreitet ist, die am wenigsten einzusetzen haben. In Lateinamerika sind die Straßen voll von Losverkäufern. Das wenige, das die Armen dort haben, setzen sie auf den großen Treffer, nicht auf ihre eigene Stärke und Fähigkeit. Von der halten sie nichts: Der kleine Mann kann nichts machen.

Was uns die Bibel so wertvoll macht, ist, daß sie voll von Veränderungsgeschichten ist, voll von Wundergeschichten. Hier ist eine davon:

> «Und Jesus stieg in ein Schiff, fuhr hinüber und kam in seine Stadt. Und siehe, da brachten sie zu ihm einen Gelähmten, der auf einem Bette lag. Und als Jesus ihren Glauben sah, sprach er zu dem Gelähmten: Sei getrost, mein Sohn, deine Sünden sind dir vergeben. Und siehe,

etliche der Schriftgelehrten sagten bei sich selbst: Dieser lästert. Und da Jesus ihre Gedanken kannte, sprach er: Warum denkt ihr Böses in euren Herzen? Denn was ist leichter zu sagen: Deine Sünden sind dir vergeben, oder zu sagen: Steh auf und geh umher? Damit ihr aber wißt, daß der Sohn des Menschen Macht hat, auf Erden Sünden zu vergeben – dann sagt er zu dem Gelähmten: Steh auf, hebe dein Bett auf und geh in dein Haus! Und er stand auf und ging hinweg in sein Haus. Als es aber die Volksmenge sah, erschrak sie und pries Gott, der solche Macht den Menschen gegeben habe.»

Matthäus 9, 1 – 8

Ein Gelähmter ist ein Mensch, der das Leben fast vollständig über sich ergehen lassen muß. Er kann es wenig gestalten, er kann es nicht anpacken. Er ist seinem Schicksal gegenüber hilflos wie ein Kind. In Alpträumen erleben wir das manchmal, daß uns eine große Gefahr droht, ein Feuer, das uns fressen will, oder ein Mensch, der uns verfolgt, und wir sind wie gelähmt. Wir sehen den rettenden Ausgang, aber wir können Hände und Füße nicht bewegen. Wir können unsere Stimme nicht gebrauchen und um Hilfe rufen.

Ein solcher Gelähmter wird zu Jesus gebracht. Nun stellt Jesus ihn nicht einfach auf die Beine und läßt ihn laufen. Bevor seine Beine und seine Arme geheilt werden, ist etwas anderes zu tun: die Sünden müssen vergeben werden. Das heißt, der Kranke muß aus der Gleichgültigkeit seinem eigenen Schicksal gegenüber, aus seiner Mutlosigkeit und Hoffnungslosigkeit, die ihn von Gott und den Menschen trennt, heraus. Ist das geschafft und hat sich der Kranke zu neuem Lebensmut bekehrt, dann wird ihn die Heilung seiner Glieder nicht nur von außen erreichen, so daß Jesus der Heiler und er allein der Geheilte ist. Die Heilung ist dann nicht mehr der große Treffer, der von außen kommt. Die Veränderung, das Wunder wird von beiden herbeigeführt, von Jesus und von dem Kranken, der sein Schicksal nicht mehr für unabänderlich hält. Er weiß nun, daß das Wunder nicht die große Ausnahme ist wie der Treffer in der Lotterie, sondern daß das Wunder für alle gedacht ist und von allen beansprucht werden soll, die es brauchen. Die Wundergeschichten im Neuen Testament erzählen, wie sich das Leben von Menschen verändert hat, obwohl zunächst jede Veränderung aussichtslos erschien. Die Sprichwörter, die wir am Anfang zitiert haben, müßten, in die Sprache des Neuen Testaments übersetzt, heißen:

- das Schicksal des Apfels ist nicht bestimmt durch den faulen Baum, von dem er stammt
- Hans wird lernen dürfen, was Hänschen versäumt hat
- Der kleine Mann kann sich verbünden, stark werden und die Großen das Fürchten lehren
- Verändern und zum Leben bekehren können sich auch die Alten

Das Neue Testament ist ein unbescheidenes und freches Buch. Nichts wird beim alten belassen: der Lahme bleibt nicht lahm, der Aussätzige bleibt nicht unrein, der Arme wird genug zum Leben haben, die Mächtigen bleiben nicht oben, die Tyrannen werden gestürzt. Das Leben ist möglich für alle, auch wenn alles dagegen spricht.

Die Wundergeschichten sind Geschichten des Aufruhrs gegen die Resignation und gegen die Zerstörung des Lebens. Es sind Geschichten, die die Menschen lehren: Findet euch nicht ab, laßt euch nicht abspeisen mit dem halben und faulen Leben! Ihr habt ein Anrecht auf das Ganze.

Sind diese Wunder eine Spezialität Jesu gewesen, oder können sie auch heute geschehen? Wir wollen euch eine moderne Wunder- und Veränderungsgeschichte erzählen. Es ist die Geschichte der Scuola di Barbiana:

In den sechziger Jahren hat ein italienischer Priester Jugendliche zwischen elf und achtzehn Jahren um sich gesammelt, die alle in den staatlichen Schulen versagt hatten und bei den Prüfungen durchgefallen waren. Die Eltern dieser Kinder und sie selber waren nicht besonders erstaunt über ihr Versagen in der Schule.

35

Kirchenbesetzung durch Atomkraftgegner

«Unsere Eltern sind eben kleine Bauern», haben sie sich gesagt. «Und Bauern verstehen sich nicht aufs Studieren und auf Bücher!»
So haben sie sich die Schuld an ihren Mißerfolgen selber gegeben. «So ist das Leben», haben sie resigniert gedacht. Sie haben sich die Möglichkeit, zu lernen und ihr Leben zu verändern, selber nicht zugetraut, ähnlich wie der Gelähmte sich und seinem Leben keine Zukunft gegeben hat.
Da kam dieser Pfarrer, sammelte sie in zwei Räumen seines Pfarrhauses. Er brachte ihnen nicht nur die Dinge bei, die in der öffentlichen Schule verlangt wurden, sondern jeder von den Schülern wurde auch sofort Lehrer in der eigenen Schule. Der eine war ein bißchen besser in Mathematik als die anderen, also gab er sein Wissen an die weiter, die weniger konnten. Der andere konnte ein bißchen besser Italienisch und Rechtschreiben. Er behielt seine Künste nicht für sich, er wurde Lehrer von denen,

die die Sprache noch schlechter beherrschten. Die Hauptsache in dieser Schule war nicht, daß sich der Wissensschatz der Schüler vergrößerte, sondern daß sie sich selber anders sehen lernten. Sie sagten nun nicht mehr: Ich bin ein armes Bauernkind, und ich verstehe von alldem nichts, so ist es nun einmal mit uns Bauern! Sie erfuhren, daß sie etwas konnten, und daß ihre Kunst gebraucht wurde von der Gruppe, in der sie lebten. Und als sie erfahren hatten, daß sie wichtig waren für andere und daß sie lernen konnten, wie alle anderen, da wollten sie auch lernen. Fast ununterbrochen wollten sie lernen. Sie berauschten sich geradezu an dieser neuen Erfahrung: Wir können lernen, wir sind nicht dumm. Nicht wir haben versagt, sondern die staatliche Schule hat an uns versagt.

Das war so ähnlich wie die Sündenvergebung in der Geschichte von dem Gelähmten. Sie gaben die Mutlosigkeit sich selber gegenüber auf. Sie glaubten daran, daß ihnen etwas möglich sei. Die Schüler in der Scoula di Barbiana lernten nicht nur physikalische Gesetze und die Rechtschreibung. Sie lernten, woher die Mutlosigkeit der Bauern kommt und die Schüchternheit ihrer Kinder. Sie lernten, wie viele Arbeitslose es in Italien gibt. Sie lernten, wo die Schwarzen unterdrückt werden und in welchen Ländern Menschen gefoltert werden. Das war eine praktische und angewandte Geographie.

Diese Bauernkinder, die in den staatlichen Schulen vor Verlegenheit kaum einen zusammenhängenden Satz sprechen konnten, verfaßten in der Form eines Briefes an eine Lehrerin ein Buch, in dem sie die Fehler der staatlichen Schulen aufdeckten und ihre eigene Schule beschrieben. Nicht Professoren der Pädagogik haben dieses Buch geschrieben, sondern Bauernkinder, die mit elf oder zwölf Jahren durch die Prüfungen geflogen sind. Das ist das Wunder: Die Stummen lernten sprechen, die Benachteiligten ließen sich nicht mehr für dumm verkaufen, die Schwachen erkannten ihre Stärke.

Schöpfung: Siehe, es war alles sehr gut

Ich muß so oft an die toten Fische denken. Ich weiß noch genau, als ich mit einer Freundin am Rhein spazieren ging und sie mich plötzlich festhielt und sagte: «Siehst du, da!» Sie war ganz blaß geworden. Und dann sah ich es auch: tote Fische, stromab treibend, die Bäuche nach oben, ein ganzer Zug.

Fische sind für mich besonders lebendig: schnell und beweglich, sie lassen sich nicht leicht einfangen, sie sind schön und leuchten silbrig, sie finden ihre Wege durch die Meere.

Warum waren diese Fische tot? Wir erfuhren dann mehr von den chemischen Abfallstoffen, die die Industrie in unsere Flüsse kippt. Ganze Tierarten werden ausgerottet. Vögel kommen nicht mehr zurück, weil ihre Nistplätze vernichtet sind. Auch Pflanzen und Bäume haben nicht mehr genug Luft zum Atmen, Wasser zum Trinken oder werden einfach beseitigt. Ganze Wälder, die den Menschen in der Großstadt zur Erholung dienen, werden abgeholzt, um einem noch größeren Flugzeugbetrieb oder gar Kriegsflugzeugen mit Bomben Platz zu machen. Langsam aber sicher machen wir unsere Erde kaputt, ohne Rücksicht auf die, die nach uns leben werden.

Die Bibel erhebt auch hier Einspruch. So war es nicht gemeint, sagt sie. Das Leben auf der Erde kommt nicht von selber, ist nicht einfach da wie ein Haufen Geröll, der auf einem Berghang liegt. Die Bibel erzählt, daß Gott alles *geschaffen* hat. Das ist nicht eine Aussage gegen die Naturwissenschaft, als könne man die Geschichte der Entstehung der Arten aus der Bibel ableiten – oder als wüßte ein frommer Mensch mehr über die Natur als ein Wissenschaftler. Nicht auf das Wissen kommt es hier an, sondern auf das Handeln. Wie gehen wir mit der Erde um?

Wenn wir eine Geschichte hören, wie die, daß Gott alles geschaffen hat, dann überlegen wir uns am besten, auf welche Frage diese Geschichte eine Antwort sein soll. Ich denke, Men-

38

schen, die etwas über uns und die Erde wissen wollen – Kinder zum Beispiel – fragen: Woher kommt alles? und: Wozu ist alles da?

Die Naturwissenschaft versucht, die erste Frage zu klären, aber für die zweite ist sie meistens taub. Das versteht sich doch von selbst, alles ist dazu da, daß wir es gebrauchen und benutzen, gerade wie es uns gefällt. Die Natur ist *Material*, das Menschen gebrauchen können. Wir sind die Herren, und die Natur gehört uns. Wir besitzen sie als ihre Eigentümer. Aber die Bibel sagt:

> «Die Erde ist des Herrn und was in ihr ist.»
>
> Psalm 24, 1

Viele Bauernvölker haben sich gewehrt, wenn das Land aufgeteilt, die Gemeindewiesen privatisiert und alles zu käuflichem Besitz gemacht wurde. Sie haben sich immer wieder auf diesen alten Satz «Die Erde ist des Herrn» berufen. Auch heute spielt er in den Befreiungskämpfen in Lateinamerika eine wichtige Rolle: Die Erde gehört weder den Großgrundbesitzern noch den Ingenieuren, die für sie Öl oder andere Rohstoffe gewinnen und die dafür zum Beispiel die im brasilianischen Urwald lebenden Völkerstämme vertreiben oder mit Giftgas ausrotten. Die Eskimos, die Hopi-Indianer, die Ureinwohner Australiens haben ein ganz anderes Verhältnis zur Erde. Die Erde kennt *mein* und *dein* nicht, sagen sie.

In Bayern, wo die meisten Seen privaten Eigentümern gehören, gab es vor einigen Jahren einen Streit ob die Ufer auch für die erholungsuchenden Leute zugänglich sein müßten. Noch empfinden die Menschen, daß ein See allen, auch denen, die da baden oder fischen möchten, gehört und nicht vom privaten Besitzer abgezäunt werden darf. Das Land gehört Gott – das bedeutet, es ist kein käuflicher Gegenstand, den man wie ein Paar Schuhe oder ein Auto möglichst preiswert erstehen kann. Man kann die Erde ja nicht wiederherstellen, sie kommt nicht aus der Fabrik, sondern von Gott. Wenn die Erde Gott gehört, dann gehört sie allen zusammen. Ein Eigentümer kann Gegenstände besitzen, aber mit welchem Recht will er die Erde – und vielleicht auch noch die Luft über seiner Erde und vielleicht auch noch das Wasser, das hindurchfließt – als ihm gehörend, als seinen Besitz betrachten! Er hat doch die Erde nicht gemacht.

An die Schöpfung glauben, heißt zweierlei: die Erde nicht beherrschen, bezwingen, unterwerfen und ausbeuten, und es heißt, sie nicht aufteilen an die Besitzenden. Als ob alles, was ist – die Wüste, das Meer, die Tiere, die Pflanzen – jemandem gehören müsse! Wir verwalten nur, was Gott gehört, wir sind Treuhänder der Schöpfung. Wenn wir von Schöpfung reden, meinen wir, daß alles von Gott kommt und ihm auch weiterhin gehört, nicht einigen wenigen. In der Bibel steckt eine Art Kommunismus der Erde.

Das wir Treuhänder der Schöpfung sind, habe ich erst verstanden, als ich Kinder bekam und Mutter wurde. Die Kinder sind von uns Eltern gezeugt, aber von Gott geschaffen. Dann *leiht* Gott sie uns für fünfzehn oder zwanzig Jahre. Sie sind niemals unser Besitz, weil sie Gott gehören. Kein Mensch kann einen anderen besitzen. Ich bin nicht nur meiner Eltern Sohn oder Tochter, sondern ein Geschöpf Gottes.

Die Bibel erhebt gegen das Besitzdenken Einspruch. Sie redet anders von den Pflanzen und Tieren, den Energien und Rohstoffen.

> «Das Meer, so groß, so weit und breit,
> da herrscht ein Gewimmel ohne Zahl,
> so viele kleine Tiere, so viele große.
> Dort gehen die Schiffe ihren Weg,
> da ist der ungeheurliche Lewiatan,
> den du gemacht hast, mit ihm zu spielen.
> Aller Augen warten auf dich,
> auf Speise, die du gibst zur rechten Zeit.
> Du öffnest die Hand, sie sättigen sich,
> nimmst du ihren Atem, dann sterben sie.»
>
> Psalm 104

Gott hat den Lewiatan, das riesige Wasserungetüm – früher haben die Übersetzer dabei an den Wal gedacht – dazu gemacht, um mit ihm zu spielen! Er ist nicht nur einfach nützlich und nur dazu da, etwas zu produzieren. Alle geschaffenen Wesen, auch die Tiere und Pflanzen, haben in sich selber Sinn. Sie brauchen keinen Nutzen für die Menschen abzuwerfen. Sie gehören nicht denen, die sie ausbeuten wollen. Sie gehören zu Gott, zum Leben selber. Wenn wir für das Ganze das Wort *Natur* benutzen, dann denken wir an das, was wir gebrauchen, erforschen und beherrschen können, wenn wir das Wort *Schöpfung* benutzen, dann fangen wir an, Ehrfurcht vor dem Leben zu haben, wie der große Arzt Albert Schweitzer gesagt hat.

Viele Religionen wissen mehr von der Schöpfung als gerade wir Weißen in der Ersten Welt. Die Indianer haben gegen die Bleichgesichter gekämpft, weil sie selber ein anderes Verhältnis zur Natur, zu Pflanze und Tier, zu Sonne und Erde hatten als die weißen Eindringlinge.

Der Indianerhäuptling Seattle vom Stamm der Duwamish im Gebiet Washingtons schreibt 1855 einen berühmten Brief an den Präsidenten der Vereinigten Staaten, den großen Häuptling in Washington, der weiteres Land von den Indianern kaufen will:

«Wir wissen, daß der weiße Mann unsere Art nicht versteht. Ein Teil des Landes ist ihm gleich jedem anderen, denn er ist ein Fremder, der kommt in der Nacht und nimmt von der Erde, was immer er braucht. Die Erde ist sein Bruder nicht, sondern Feind, und wenn er sie erobert hat, schreitet er weiter. Er läßt die Gräber seiner Väter zurück – und kümmert sich nicht. Er stiehlt die Erde von seinen Kindern – und kümmert sich nicht. Er behandelt seine Mutter, die Erde, und seinen Bruder, den Himmel, wie Dinge zum Kaufen und Plündern, zum Verkaufen wie Schafe oder glänzende Perlen. Sein Hunger wird die Erde verschlingen und nichts zurücklassen als eine Wüste.»

Wer an Gott glaubt, der kann mit der Natur nicht so verfahren wie zum Beispiel die Leute, die die Startbahn West bei Frankfurt bauen wollen. Dabei geht es nicht nur einfach um die Frage, was praktischer ist oder wie wir schneller von einem Ort zum anderen kommen. Es geht auch darum, wie man mit der Schöpfung umgehen muß: mit Ehrfurcht und voller Rücksicht, mit Bedacht auf die Menschen, die nach uns leben und die nicht mit verseuchtem Wasser und abgestorbenen Wäldern in einer Betonwelt leben wollen.

«Die Luft ist kostbar für den roten Mann – denn alle Dinge teilen denselben Atem – das Tier, der Baum, der Mensch – sie alle teilen denselben Atem. Der weiße Mann scheint die Luft, die er atmet, nicht zu bemerken, wie ein Mann, der seit vielen Tagen stirbt, ist er abgestumpft gegen den Gestank. Was ist der Mensch ohne die Tiere? Wären alle Tiere fort, so stürbe der Mensch an großer Einsamkeit des Geistes. Was immer den Tieren geschieht, geschieht bald auch den Menschen. Alle Dinge sind miteinander verbunden. Was die Erde befällt, befällt auch die Söhne der Erde. Denn das wissen wir – die Erde gehört nicht den Menschen – der Mensch gehört der Erde. Der Mensch schuf nicht das Gewebe des Lebens, er ist darin nur eine Faser. Was immer ihr dem Gewebe antut, das tut ihr euch selber an.»

Wenn wir sagen, daß Gott auf der Seite der Kleinen, der Schwachen, der Schutzbedürftigen ist, so ist er auch auf der Seite der Schöpfung. Der Großwildjäger, der mit aufgeblendeten Scheinwerfern auf die Tiere losfährt, sie einkreist und abknallt, ist nicht besonders männlich oder mutig oder heldenhaft, auch wenn er sich so vorkommt. Er weiß nichts von dem Lebendigen, das in den Tieren und Pflanzen wie in uns selber steckt: dem Werden, dem Blühen, dem Fruchtbringen und dem Sterben. Er sieht immer nur Sachen und nichts Lebendiges. Wer die Natur versklavt und an ihr Raubbau treibt, der wird sich auch Menschen gegenüber nicht viel besser verhalten als ein Sklavenbesitzer.

Eine Geschichte, die nicht in der Bibel steht, aber aus dem frühen Christentum stammt, handelt vom Verhältnis zu den Tieren.

«Jesus ging aus der Stadt. Er war in Begleitung seiner Schüler. Sie kamen an eine steile Bergstraße und trafen auf einen Mann mit seinem Lasttier. Das Tier war hingestürzt. Der Mann hatte es überladen und schlug es, daß es blutete. Da ging Jesus zu ihm und sagte: Mann, was schlägst du das Tier? Siehst du nicht, daß es zu schwach ist für seine Last? Weißt du nicht, daß es Schmerzen leidet? Der Mann aber antwortete: Was geht denn dich das an? Ich kann es schlagen, soviel ich will. Ich habe es für gutes Geld gekauft, und es ist mein Eigentum. Frag doch die Leute bei dir, ob es nicht so ist. Sie kennen mich. Und einige von den Schülern sagten: Der Mann hat recht. Wir haben gesehen, wie er das Tier gekauft hat. Aber Jesus sagte weiter: Seht ihr denn nicht, wie es blutet? Und hört ihr nicht, wie das Tier jammert und schreit? Sie antworteten: Nein, Herr, daß es jammert und schreit, hören wir nicht. Da rief Jesus: Schlimm für euch, daß ihr nicht hört, wie es schreit und zu Gott, der es erschaffen hat, um Erbarmen klagt! Und doppelt schlimm für dich, Mann, daß du es nicht hörst, über den das Tier schreit und klagt in seinem Schmerz. Und Jesus rührte das Tier an. Da stand es auf und seine Wunden schlossen sich. Zu dem Mann aber sagte er: Führ es jetzt weiter. Aber schlage es in Zukunft nicht wieder, damit du Erbarmen findest.»

Vor kurzem fanden wir eine schöne Geschichte von zehn Schulkindern in Göglingen, die verhindert haben, daß ihre Kastanie wegen einer Straßenerweiterung gefällt wurde. Sie schrieben zusammen an den Gemeinderat.
«Die Kastanie ist unser Freund, bei Regen ist sie unser Dach, bei Hitze unser Sonnenschirm.» Der Gemeinderat hat die Kinder

respektiert und sich dem, was sie sagten, gefügt. Es ist gut, daß diese Kinder Freundschaft nicht nur zu bestimmten Menschen oder zu Tieren empfinden, sondern auch zu einem Baum. So können wir das Geheimnis von Schöpfung wieder sehen lernen: Die Kastanie ist unser Freund.

Freiheit: Keine Macht für niemand!

Ich erinnere mich noch nach vierzig Jahren mit Wut an ein Ereignis aus meiner Schulzeit. Aus der Klassenkasse hatte jemand Geld gestohlen, und unser Lehrer versuchte, den Schuldigen herauszufinden. Es gelang ihm nicht. In unserer Klasse war damals ein stiller Junge. Sein Vater war eine Zeitlang im Gefängnis gewesen. Sie hatten zu Hause viele Kinder und galten als asozial. So nannte man bei uns oft die Leute, die wegen ihrer Armut und ihres Kinderreichtums mit dem Leben nicht zurecht kamen. Diesen Jungen rief der Lehrer nach vorn, er schlug ihm einige Male ins Gesicht und sagte zu ihm: «Du wirst es wohl gewesen sein. Und wenn du es nicht warst, so sind die Prügel an dir doch nie verloren.»
Der Junge ging stumm an seinen Platz zurück, und auch wir anderen sagten kein Wort. Wir duckten uns und waren froh, nicht selber das Opfer zu sein. Dieser Lehrer war im allgemeinen nicht besonders bösartig. In seinem Ärger hat er einfach seine Macht benutzt: Die Macht, einen anderen und schwächeren Menschen zu schlagen, die Macht, die Würde dieses Jungen zu schänden und ihn zum Dieb zu erklären. Auch uns andere, die er nicht geschlagen hat, hat er mit seiner Macht und Überlegenheit verletzt. Er hat uns so weit gebracht, daß wir aus Feigheit zu dem Unrecht schwiegen und die Solidarität mit dem Klassenka meraden verrieten.
In der Bibel finden wir eine Anzahl von Geschichten, die

Einspruch erheben gegen die Macht der einen über die anderen. Eine davon steht in einem der ganz frühen Bücher aus dem Alten Testament, im Buch der Richter:

Ein Mann namens Abimelech hat sich dem Volk als Herrscher angeboten. Das Volk gibt ihm Silber aus dem Tempelschatz. Damit kauft er sich Söldner, mit deren Hilfe er seine Gegner umbringt. Nach diesen Morden hören die Leute aber keineswegs auf, den Mörder als Herrscher zu wünschen. Sie krönen ihn auch noch zum König. Willkür und Gewalt scheinen Menschen nicht nur zu beleidigen, sie machen auch Eindruck auf sie. Vielleicht haben die Menschen damals wie heute gedacht, endlich mal einer, der durchgreift! Endlich mal einer mit einer harten Hand!

Einer hat sich damals gewehrt und die folgende Fabel als Spottlied gegen den Tyrannen verbreitet:

> Einst gingen die Bäume hin, einen König über sich zu salben.
> Sie sprachen zum Ölbaum: sei du unser König! Aber der Ölbaum antwortete ihnen: soll ich mein Fett lassen, mit dem man Götter und Menschen ehrt und hingehen, über den Bäumen zu schweben?
> Da sprachen die Bäume zum Feigenbaum: so komm du und sei unser König!
> Aber der Feigenbaum antwortete ihnen:
> Soll ich meine Süßigkeit lassen und meine köstliche Frucht und hingehen, über den Bäumen zu schweben? Da sprachen die Bäume zum Weinstock:
> so komm du und sei unser König!
> Aber der Weinstock antwortete ihnen:
> soll ich meinen Wein lassen, der Götter und Menschen fröhlich macht und hingehen, über den Bäumen zu schweben?
> Da sprachen alle Bäume zum Dornbusch:
> so komm du und sei unser König!
> Und der Dornbusch sprach zu den Bäumen:
> Wollt ihr in Wahrheit mich salben, daß ich König über euch

sei, so kommt und bergt euch in meinem Schatten! Wenn nicht, so wird Feuer ausgehen vom Dornbusch und die Zedern des Libanon verzehren.

Richter 9,8 – 15

In den Zeiten der Tyrannei und der Herrschaft von Menschen über Menschen muß man seine Sprache verstellen, damit die Spitzel der Mächtigen sie nicht sofort verstehen. Sklavensprache nennen wir das. So ist auch dieses Spottlied nicht beim ersten Hören verständlich. Die Bäume, die einen König wollen, sind die Menschen, die es nicht aushalten können, frei zu sein und niemanden über sich zu haben. Sie geben ihre Freiheit ab, weil sie von sich selber und von den anderen gering denken. Sie meinen, sie selber seien nicht stark, verantwortlich und reich genug, für ihre eigenen Entscheidungen einzustehen. Diese Menschen nun gehen hin und suchen sich einen König. Sie kommen zu drei *Bäumen*, die reich und schön sind und nützliche Früchte tragen: Ölbaum, Feigenbaum und Weinstock. Diese Bäume, die als Bilder für unabhängige, innerlich reiche Menschen stehen, die ihre Würde nicht verkaufen wollen, lehnen das Angebot ab. Sie sagen, über andere zu herrschen, schändet nicht nur diese anderen, es würde auch sie, die herrschen, zerstören. Wir würden unser Fett lassen, unsere Süßigkeit und unseren Wein. Wer über andere herrscht, verkrüppelt selber und wird unfruchtbar, sagen sie. Da keiner von den angesehenen und fruchtreichen Bäumen König werden will, fragen die Bäume schließlich den Dornbusch. Der Dornbusch hat keine Feigen, er hat kein Öl und keinen Wein als Frucht. Er hat nur seine scharfen Dornen und seine schattenlosen Zweige. Ausgerechnet dieser Dornbusch, der nichts kann als verletzen, sagt erfreut zu. Und mit bösartigem Spott bietet der Schattenlose zur Labung für die anderen seinen Schatten an.

Die christlichen Kirchen haben sich selten genug an die Geschichten aus ihren heiligen Büchern gehalten, die Macht und

47

Herrschaft verlachen und ihre Abschaffung fordern. Sie haben mächtigen Tyrannen geschmeichelt. Sie haben die Macht der politischen Führer als von Gott gegeben gepriesen, sie haben die Waffen der Mächtigen gesegnet, mit denen die Armen gequält und getötet wurden. Sie haben für Kaiser und Könige gebetet. Auf dem Koppelschloß der deutschen Armee stand *Gott mit uns.* Aber die Kirche konnte diese Geschichten nicht verleugnen, sie stehen ja in ihrer Bibel. Und immer wieder gab es christliche Gruppen, die sie hervorkramten, sich auf sie beriefen, von ihnen aus zu leben versuchten. Wer solche Geschichten des Widerstands gegen die Macht in den Büchern hat, die er schätzt, der kann sich nicht völlig glatt und ungestört mit der Macht verbünden. Er wird gestört in der Anbetung der Macht und der Mächtigen. Diese störenden Worte sind ein Vorteil, den die Christen haben.

> «Ihr sollt euch nicht Rabbi nennen lassen; denn einer ist euer Meister, ihr alle aber seid Brüder. Nennet auch niemand auf Erden euren Vater; denn einer ist euer Vater, der himmlische. Auch sollt ihr euch nicht Lehrer nennen lassen; denn einer ist euer Lehrer, Christus. Wer aber unter euch größer ist (als die anderen), soll euer Diener sein. Wer sich aber selbst erhöht, wird erniedrigt werden, und wer sich selbst erniedrigt, wird erhöht werden.»
>
> Matthäus 23,8–12

Wir wollen eine Geschichte von Franz von Assisi erzählen, der Ende des 12. bis Anfang des 13. Jahrhunderts gelebt hat. Er war außerordentlich mißtrauisch gegen jede kirchliche und weltliche Macht, und dieses Mißtrauen hat er die Menschen gelehrt, mit denen er umgegangen ist. Dieser Franziskus hat Gefährten um sich gesammelt, die sich Brüder nannten und von denen keiner über den anderen herrschen sollte.

Einmal kam ein junger Bruder zu Franz und bat darum, für sich

Herr und Knecht

allein ein Buch besitzen zu dürfen, in dem die Psalmlieder standen, die die Brüder im Gottesdienst sangen. Franz zögerte, und der Bruder bat immer wieder. Schließlich antwortete ihm Franz: «Wenn du erst einmal dieses Buch hast, dann willst du noch andere und noch dickere Bücher für dich allein haben. Und wenn du all diese Bücher hast, dann willst du wie ein großer Kirchenfürst auf dem Lehrpult sitzen und zu deinem Bruder sprechen: Bruder, komm her und reiche mir mein Buch!»

Diese Geschichte sagt uns: Wer Eigentum hat, der gewinnt Macht über andere Menschen. Er kann dann sagen: Bruder, komm her und bring mir das Buch! Er kann über den Bruder verfügen wie über ein Ding. Der Bruder ist für ihn gestorben, er ist nur noch als Buchträger lebendig. Er ist nur noch der Empfänger und Vollstrecker von Befehlen.

Franziskus hat die Mächtigen bekämpft, die andere unterdrückten. Er hat selber eine Art von Freiheit gelebt.

Eine Studentin hat uns von ihrer Großmutter erzählt. Diese Frau war Quäkerin, sie gehörte zu einer kleinen Kirche, die ohne Pfarrer und Bischöfe nach christlichen Grundsätzen lebte. Eines Tages mußte die Großmutter der Studentin vor Gericht erscheinen. Der Richter forderte sie auf, sich zu erheben.

«Euer Ehren», sagte sie, «ich stehe vor Gott auf, weil ihm Ehre gebührt. Aber vor einem Menschen will ich nicht aufstehen.»

Dafür bekam sie drei Tage Gefängnis.

Als ich das hörte dachte ich: So eine Großmutter hätte ich auch gern.

Gebet: Die großen Wünsche lernen

Wir waren einmal auf einer Beerdigung. Ein Kollege und Freund von uns war plötzlich gestorben. Er war noch nicht alt. Am Tage vorher hatten wir noch zusammengesessen und unsere gemeinsame Arbeit geplant. Er war ein guter Lehrer, geachtet bei den

Studenten. Er stand für das, was er sagte. Dieser Freund war ein gebildeter Atheist, ebenso seine Frau. Beide waren aus der Kirche ausgetreten. Nun waren wir auf seiner Beerdigung. Wir saßen in der Leichenhalle. Vorne stand der Sarg. Stumm warteten wir etwa zehn Minuten. Dann hoben die Träger den Sarg auf den Wagen. Wir gingen zum Grab. Der Sarg wurde hinabgelassen. Als die letzten des Zuges ankamen, war der Sarg schon im Grab. Wir standen noch ein paar Minuten da. Dann gingen wir nach Hause.

Die hoffnungslose Stummheit dieser Beerdigung ist uns in schauerlicher Erinnerung. In uns schrie alles: warum mußte dieser Freund so früh sterben? Was ist der Sinn eines solchen Todes? Wir alle waren voll von Zorn und Trauer, aber jeder behielt seine Trauer für sich. Sie kam nicht heraus. Sie fand keine Sprache, keine Geste, kein Lied, keinen Fluch. Wir blieben stumm. Am nächsten Tag hatten wir eine Sitzung. Der Leiter dieser Sitzung nahm noch einmal kurz Bezug auf den Tod des Kollegen und sagte:

«Wir wollen keine großen Worte machen. Aber ich bitte Sie, sich zu erheben und des Toten schweigend zu gedenken!»

Der Tod hatte keine Sprache und keinen Ausdruck mehr. Der dürre Rest von Ausdruck war, daß man sich für einen Augenblick erhob, verlegen herumstand und nicht wußte, wohin man mit den Händen sollte. Man war erleichtert, als der Sitzungsleiter in der Tagesordnung fortfuhr.

Aber kann man in der Tagesordnung fortfahren, wenn jemand stirbt? Kann man, wenn sich in unserem Leben wichtige Dinge ereignen, auf Klagen, Loben, Danken, Fluchen, Schreien, Anklagen, Preisen, Rühmen verzichten? Was geschieht mit uns, wenn unser Leben so sang- und klanglos wird? Verdörrt nicht das Leben, wenn man keine Sprache mehr hat für all das, was vorgeht?

Eine Sprache finden für das, was wir wünschen und beklagen, nennen wir beten. In der christlichen Tradition spielt das Beten eine große Rolle. Die Bibel schildert uns viele Situationen, in denen Menschen in ihrem Unglück, in ihrer Wut, in ihrem Glück gebetet haben. Es gibt in ihr ein ganzes Gebetbuch, nämlich das Buch der Psalmen im Alten Testament. Der dreizehnte Psalm lautet:

> «Wie lange, o Herr,
> willst du meiner so ganz vergessen?
> Wie lange verbirgst du
> dein Antlitz vor mir?
> Wie lange soll ich Schmerzen hegen
> in meiner Seele,
> Kummer im Herzen Tag und Nacht?
> Wie lange soll sich mein Feind
> über mich erheben?
> Schaue her, erhöre mich,
> o Herr, mein Gott!
> Mache hell meine Augen,
> daß ich nicht zum Tode entschlafe,
> daß nicht mein Feind sich rühme:
> Ich habe ihn überwältigt!
> Meine Widersacher jubeln,
> daß ich wanke;
> ich aber vertraue deiner Gnade.
> Es frohlocke mein Herz
> ob deiner Hilfe!
> Singen will ich dem Herrn,
> daß er mir Gutes getan.»

Psalm 13

Wir wissen heute nicht mehr, was genau das Unglück dieses Betenden war. Wir wissen nicht, wer seine Feinde waren, gegen die er vor Gott redet. Aber wie dieser Betende sich verhält, das gefällt uns. Zuerst etwas ganz Wichtiges: er nennt die Sachen beim Namen. Er sagt nicht: Ja, ja, so ist das Leben! Er nennt sein Unglück. Er ist nicht einverstanden mit seinem Unglück. Er stellt Gott fast drohend ein paar Fragen:
Wie lange willst du mich vergessen? Wie lange willst du noch

wegschauen, wenn meine Feinde mich verfolgen? Wie lange soll ich mich noch kaputtmachen lassen? Wie lange soll das Unrecht noch über die Armen siegen? Wer Fragen stellt, resigniert nicht. Wer so fragt, in dem ist Aufruhr, der hat den ersten Schritt schon getan zum Widerstand gegen das Unrecht, das ihm und den anderen angetan wird. Wer sein Unglück genau benennt, der fordert sein Glück.

«Schau mich an», sagt er zu Gott. «In diesem toten Leben bleibe ich nicht!» Das ist nicht die schwächliche Sprache dessen, der alles nimmt, wie es kommt, und der seinen Kopf für alles hinhält. Er verlangt von Gott, was dieser versprochen hat. «Ich verlasse mich auf dich!» sagt er.

Beten heißt, große Wünsche zu haben. Wenn ihr den Psalm langsam lest, dann merkt ihr, daß sich etwas in dem Betenden verändert. Er geht einen Weg von der Klage zur Bitte und weiter zu etwas, was wir mal Gewißheit nennen wollen. Er wird ruhiger. Wenn man fragt, ob Gebete erhört werden, so muß man einen Psalm wie diesen nehmen und zu verstehen versuchen, was mit dem Betenden vorgeht. Gott ist kein Automat, in den man eine Münze steckt und dann herausbekommt, was man will. Aber beten verändert die, die es tun. Die großen Wünsche nach Gerechtigkeit, nach dem Sieg über das Unrecht, nach Glück und Heil, nach einem menschenwürdigen Leben, die hat man nicht einfach so, man muß sie lernen. Und man lernt sie, indem man sie ausspricht. Das Unglück der Armen besteht nicht nur darin, daß sie kein Brot und kein Wasser und keine Kleider haben. Es besteht auch darin, daß sie die großen Wünsche für sich selber verlieren; daß sie sich kaum noch vorstellen können, daß das Leben anders ist.

Beten ist Revolte. Wer betet, sagt nicht: «So ist es und Amen!» Er sagt: «So ist es! Und so soll es nicht sein! Und das und das soll geändert werden!»

Beten ist eine intensive Vorbereitung auf das Leben. In Amerika gibt es einen bekannten Bauernführer: Cesar Chavez. Er ist Katholik. Er kämpft seit Jahren darum, daß die armen mexikani-

53

schen Einwanderer von den Großgrundbesitzern nicht völlig rechtlos gehalten werden. Er kämpft darum, daß sie Verträge bekommen und einen Mindestlohn für ihre Arbeit, daß sie von den Grundbesitzern nicht erschossen werden, wenn sie sich zusammentun, um ihre Forderungen durchzusetzen. Er organisiert Streiks, wo die Ausbeutung am größten ist. Oft organisiert er Boykotts gegen Großgrundbesitzer, die sich besonders schlimm verhalten. Das heißt, er sorgt dafür, daß sie ihre Apfelsinen oder ihre Bananen nicht verkaufen können. Auf jede dieser Aktionen bereitet er sich sorgfältig vor durch Gebete und langes Fasten. Einmal hat er vor einem großen und lebensgefährlichen Streik vierundzwanzig Tage gebetet und gefastet. Jedesmal, wenn er sich so vorbereitet, sagen seine Gegner:

«Paßt auf! Cesar Chavez hat etwas vor, er betet!»

Für diesen Mann heißt beten nicht, die Verantwortung auf Gott schieben für das, wofür wir alle selber einzustehen haben. Gebet heißt für ihn, Gott zum Verbündeten zu machen gegen die Schmähungen und Zerstörungen, die den Armen angetan werden, so wie es in dem Psalm geschieht, den wir oben zitiert haben. Warum können wir so schwer beten? Warum schämen wir uns unserer Gebete? Warum werden wir verlacht, wenn herauskommt, daß wir beten? Das hat wohl viele Gründe. Vor allem auch den Grund, daß das Gebet so häufig mißbraucht wurde. Sicher kommt es vor, daß ein Mensch sich mit seinem Gebet in einen Zustand der Schwäche und Hoffnungslosigkeit hineinmurmelt. Aber vielleicht hängt es auch damit zusammen, daß unsere Wünsche und unsere Forderungen an das Leben zu klein sind. Wer wirklich etwas will, der schreit und spricht; der ist so besessen von seinen Wünschen, daß er sie nicht still in seinem Herzen verbirgt. Die stummen Wünsche sind bald gar keine Wünsche mehr. Freunde von uns arbeiten in einem Hamburger Stadtteil, in dem vor allem Ausländer wohnen. Da stoßen sie mehr und mehr auf das Unrecht, das diesen Menschen angetan wird. Sie erfahren,

Gastarbeiterunterkunft

wie sie verachtet werden, wie ungenügend die Schulen für sie sind und wie schlecht ihre Wohnungen sind. Jeden Samstag machen unsere Freunde auf dem Marktplatz das, was sie eine öffentliche Ausschreiung nennen. Sie informieren über die Umstände, unter denen diese Ausländer leben müssen. Sie klagen an, sie erheben Forderungen. Das Gebet ist eine Art öffentlicher Ausschreiung vor einem großen Zeugen: vor Gott, der versprochen hat, für das Leben einzutreten.

Das Beten können wir lernen, indem wir Gott sagen, was wir uns jetzt wirklich wünschen. Das kann groß oder klein sein, um die Gesundheit eines Angehörigen gehen oder um ein Basketballspiel. Gott können wir nicht belügen oder ihm was vormachen. Wir können Gott nur langsam vergessen, und das ist schrecklich, weil wir dann langsam auch uns selber vergessen.

Als ein Beispiel für ein Gebet haben wir das eines unbekannten Mannes in Brasilien gefunden.

Offener Brief an Jesus von Nazareth

Verzeih mir, daß ich an Dich schreibe.
Ganz sicher liegt Dir an mir nichts.
Ein unbedeutender Fall bin ich: Segundo Lopez Sanchez,
Zimmermann von Beruf, verheiratet und fünf Kinder.
Ich arbeite bei einer Baufirma und übernehme Gelegenheitsjobs.
Ich bin einer von Deinen Armen.
Was das angeht, so habe ich weder Kraft noch Geduld.
Herr, der Kampf ums Überleben ist groß,
und der Schnaps reicht nicht aus.
Herr, es ist besser, wenn Du herabsteigst
und mit eigenen Augen alles ansiehst.
Ich bin nicht sehr gebildet, aber es heißt,
Du habest in Deiner Jugend denselben Beruf wie ich ausgeübt.
Ich weiß nicht, was es in jener Zeit bedeutete,
von seiner Arbeit zu leben und arm zu sein.
Heute dagegen ist es ein Wunder,

ein größeres als das der Brote und Fische,
wenn man überhaupt etwas auf den Tisch stellen
und teilen kann, damit alle ein bißchen bekommen;
Du kannst es ja selber erfahren:
Komm und arbeite als Zimmermann mit uns,
versuche mit dem Tageslohn auszukommen.
Du wirst Blut schwitzen wie damals im Garten.
Geh auf die Straßen und beginne zu predigen,
wie Du es einstmals gegen die Pharisäer getan hast.
Wiederhole, was Du von den Reichen
und dem Nadelöhr gesagt hast.
Jage die Händler aus der Kirche,
und wir werden sehen, was passiert.
Wenn sie Dich nicht kreuzigen werden wie damals,
dann deswegen, weil heutzutage ein Wort genügt,
und sie haben Dich zum Schweigen gebracht.
Ist das nicht witzig?
Herr, komm und hilf uns, damit sie nicht sagen:
‹Selbst Christus kann das Problem nicht lösen.›
Von Arbeiter zu Arbeiter bitte ich Dich und unterschreibe:
Dein niedriger Gefolgsmann Segundo Lopez Sanchez.

Aus: Sehnsucht nach dem Fest der freien Menschen, Hg. A. Reiser und
P. G. Schoenborn. Wuppertal 1982

Nachfolge: Was Du mit Deinem Leben tun willst

Was ist der Sinn des Lebens? Warum sind wir überhaupt hier?
Was soll das Ganze? Und was soll ich in dem Ganzen? Macht es
überhaupt etwas aus, ob ich da bin oder nicht? Und für wen?
Solche Fragen stellt sich jeder Mensch manchmal. Deswegen
muß man sich nicht für verrückt halten. Im Gegenteil: wer all
diese Fragen unter den Teppich kehrt und sie nicht mehr an sich

57

herankommen läßt, der muß ganz schön kaputt sein und immer dickere Teppiche brauchen!

Es gibt neben dem Hunger und Durst und der Gerechtigkeit noch einen anderen Wunsch in jedem Menschen, der gar nicht so leicht kaputtzukriegen ist: der Wunsch, gebraucht zu werden. Jemand muß mich nötig haben. Richtig glücklich bin ich, wenn ich weiß, daß es einen Unterschied macht, ob ich da bin oder nicht. Wenn man klein ist, ist das noch kein großes Problem, weil man weiß, daß die Eltern einen brauchen und zum Beispiel nervös werden, wenn man nicht rechtzeitig nach Hause kommt. Wenn man größer wird, reichen die Eltern nicht mehr für dieses Gebrauchtwerden. Wir brauchen noch mehr Gebrauchtwerden. Ich erinnere mich noch, als ich dreizehn war und nachts im Frühling neben einem blühenden Kirschbaum stand. Damals habe ich zum erstenmal bewußt den großen runden Himmel mit den Sternen gesehen. Da wußte ich zum erstenmal, daß ich allein war. Es tat weh. Was ich an Zuwendung der Eltern, der Geschwister, an Freundschaft und Kameradschaft erlebt hatte, war nicht mehr genug. Ich fühlte mich trotzdem allein.

Die verrückten Fragen nach dem Sinn des Lebens holten mich ein. Bücher können uns helfen, diese Fragen zu beantworten, aber besser als Bücher sind Menschen. Das Christsein lernt man von anderen Menschen; Christen sind, wie Paulus einmal sagt, «ein Brief Christi» (2. Kor., 3,3,) geschrieben nicht mit Tinte, sondern mit dem Geist des lebendigen Gottes, nicht auf Steintafeln eingeritzt, sondern ins Herz.

Ich möchte von einem Menschen erzählen, der für mich *ein Brief Christi* geworden ist. Eine Frau, Amerikanerin, eine katholische Nonne. Sie ist eine der vier Frauen, die Anfang Dezember 1980 in El Salvador von der Militärregierung, die von den USA unterstützt wird, ermordet worden ist. Warum, fragt man sich, haben die Mordkommandos dieser Regierung es nötig, vier unbewaffnete Frauen, dazu noch Amerikanerinnen, zu mißhandeln, zu vergewaltigen und zu ermorden?

In El Salvador tobt ein Bürgerkrieg. Auf der einen Seite stehen dreizehn reiche und mächtige Familien, denen fast das ganze Land gehört. Sie haben eine Militärdiktatur eingerichtet, die von den Nordamerikanern gestützt wird – mit Geld, mit Waffen und mit sogenannten *Beratern*, das sind Militär- und Polizeispezialisten. Auf der anderen Seite stehen die Freiheitskämpfer, die für die armen Leute auf dem Land, für Bodenreform und Schulen auf den Dörfern, für Gesundheitsfürsorge für jeden, unabhängig von

GESUCHT... VERFOLGT... GETÖTET
El Flaco ist einer von uns, gehört zu den Armen...
ist solidarisch, hat gekämpft, hat manchmal verloren...
steht immer wieder auf, kämpft weiter...
El Flaco ist jeder von uns, wenn wir so sind wie er...

In Lateinamerika bekommt jeder leicht einen Spitznamen – selbst Jesus, wie man auf diesem Flugblatt sieht. Flaco (mager) ist keine Seltenheit, besonders unter den Armen.

Geld und Besitz, kämpfen. Ita Ford und ihre Mitschwestern haben nicht mit der Waffe in der Hand gekämpft, wie eine amerikanische Zeitung behauptete. Aber sie standen klar auf der Seite der Armen, weil sie wußten, daß Christen auf der Seite des Volkes zu stehen haben. So gehörten sie zu den Tausenden von Christen in Lateinamerika, die für die Armen da sind und darum verfolgt, festgenommen, gefoltert und ermordet werden.

Ita Ford gehörte den Maryknollschwestern an, einem Missionsorden von Frauen, die nicht in Klöstern leben, sondern in Elendsvierteln mit den Armen zusammen, für die sie da sind. Sie tragen keine Ordenstracht, sondern Zivilkleidung. Ich habe Fotos von Ita Ford gesehen, und ich hätte sie für eine Bankangestellte gehalten oder vielleicht Lehrerin, eine ganz gewöhnliche Frau von vierzig Jahren, sympathisch, nicht besonders hübsch, vertrauenerweckend. Diese Frau ist für mich ein Brief Christi geworden.

Ita Ford wurde 1940 in Brooklyn geboren. Mit 21 Jahren, nach dem Collegeabschluß, trat sie in den Orden ein und ging 1971 nach Chile, kurz vor dem Sturz der kurzen sozialistischen Regierung Allendes. Die folgenden Jahre der wirtschaftlichen Schwierigkeiten und der politischen Verfolgung haben sie geprägt: Hier lernte sie, was es bedeutet, sich als Christ die Sache der Armen zu eigen zu machen, in einem *Bario*, einem Elendsviertel, zu leben, mit ganz wenig persönlichen Dingen, Tag und Nacht störbar von Leuten, die Versteck, Nahrung, Kleidung brauchen. Nachdenklich schrieb Ita 1977:

«Bin ich gewillt, mit den Leuten hier zu leiden, das Leiden der Machtlosen, das Gefühl der Ohnmacht zu teilen? Kann ich zu meinen Nachbarn sagen: ich habe keine Lösung für diese Lage, ich weiß keine Antworten, aber ich will mit euch gehen, mit euch suchen. Kann ich mich von dieser Gelegenheit evangelisieren lassen? Kann ich meine eigene Armut sehen und annehmen, so wie ich es von anderen Armen lerne?»

Ita Ford hat die Lektion der Armen in Chile gelernt. Als Erzbischof Oscar Romero in San Salvador um Hilfe rief, war sie bereit, dorthin zu gehen. Als sie ankam, war Romero gerade er-

Oscar Romero

mordet worden. Der Neuanfang war nicht leicht, sie vermißte ihre Schwestern und Freunde. Es war nicht einfach, das Vertrauen von Menschen zu gewinnen, die – durch die politische Situation terrorisiert – in ständiger Angst lebten. Sie arbeitete in einem Nothilfeprogramm für Flüchtlinge. «Ich weiß nicht», schreibt sie, «ob es trotz oder wegen all des Grauens, der Angst, der Verwirrung und der Gesetzlosigkeit ist, aber ich weiß, daß es richtig ist, hier zu sein. Ich glaube, daß wir jetzt in und für El Salvador da sind, daß die Antworten auf die Fragen kommen werden, wenn sie gebraucht werden, daß wir im Glauben eines Tages mit den Salvadorianern zusammengehen werden, auf einer Straße, die ausgewaschen und voller Hindernisse und Umwege ist.»

Ita und ihre Mitschwestern fühlten sich verantwortlich für die Nöte der Verletzten, Heimatlosen und Hungernden. Es war ihnen klar, welche politischen Folgen es hat, die Hungrigen zu speisen in einem Land, das in einem nichterklärten Bürgerkrieg steht. Es gab Gerüchte, daß sie auf der Liste mehrerer rechter Terrororganisationen stand. Ende November ging Ita zu einer Konferenz in Nicaragua. Diese fünf Tage müssen, wie die Mitschwestern berichten, eine Zeit der tiefen Heilung für sie gewesen sein. Sie hatte zu Beginn ihrer Arbeit in El Salvador bei einem Unglücksfall ihre beste Freundin verloren. Beim Abschlußgottesdienst las sie einen Text aus einer der letzten Predigten von Oscar Romero vor, eine Voraussage, die nur vierundzwanzig Stunden später an ihr wahr wurde.

«Christus lädt uns ein, die Verfolgung nicht zu fürchten, weil, glaubt mir, Brüder und Schwestern, wer sich für die Armen entschieden hat, der muß dasselbe Schicksal wie die Armen durchmachen, und in El Salvador wissen wir, was das Schicksal der Armen bedeutet: zu verschwinden, gefoltert zu werden, Gefangener zu sein und tot aufgefunden zu werden.»

Mitte Januar fand in Washington vor dem Weißen Haus ein Gottesdienst statt, an dem etwa fünfzehnhundert Menschen teilnahmen. Es war eine Trauerfeier «für die Vier und die Zehntausend», die im letzten Jahr in El Salvador ermordet sind. Vier weiße Särge wurden zum Kapitol getragen und ein großer symbolischer Sarg für die vielen anderen, die zum allergrößten Teil wehrlose Opfer, also Kinder, Jugendliche, «campesinos» und Frauen waren, die als *subversiv* und *terroristisch* verdächtigt und ermordet wurden.

Es gibt eine Hoffnung, aus der Menschen wie Ita Ford leben. Die Bibel spricht so über das wirkliche Leben, das einen Sinn hat.

«Daß wir füreinander dasein sollen,
ist die Botschaft, die ihr von Anfang an gehört habt.
Wir wollen nicht sein wie Kain,
der aus dem Bösen kam und ermordete seinen Bruder.

Ihr müßt euch nicht wundern,
wenn ihr den Haß der herrschenden Verhältnisse
auf euch zieht.
Wir wissen, daß wir unser totes Dasein
vertauscht haben mit Leben,
das heißt, wir leben füreinander als Geschwister.
Wer nicht für den anderen da ist,
der ist noch tot.

Wer seine Schwester, den Bruder haßt,
ist ein Mörder,
und ihr wißt, daß ein Mörder das endgültige Leben
nicht in sich behält.

Was Dasein für andere ist,
haben wir an Jesus gesehen.
Er hat für uns sein Leben eingesetzt,
und so soll unser Leben für andere dasein.

Wenn einer in Reichtum lebt
und seinen Geschwistern, die er Not leiden sieht,
Hilfe verweigert,
wie kann Gottes Dasein für uns in ihm bleiben?

Nicht mit Reden und Worten wollen wir füreinander dasein,
sondern tätig und wirklich füreinander einstehen.»

1. Johannes 3, 11–18

Im August 1980 schrieb Ita Ford einen Geburtstagsbrief an ihre sechzehnjährige Nichte Jennifer. Ich möchte aus diesem Brief, den mir eine Mitschwester aus Maryknoll gegeben hat, übersetzen, um etwas von dem Geist zu vermitteln, der Menschen wie Ita und Maura und Dorothy und Jean getragen hat.

«Liebe Jennifer,
möglich, daß dieser Gruß nicht zum Geburtstag ankommt, aber du weißt, daß ich im Geist bei dir bin, wenn du ganze sechzehn Jahre feierst! Ich hoffe, daß es ein besonderer Tag für dich ist. Ich möchte dir etwas sagen und ich wünschte, ich wäre da und könnte mit dir sprechen, weil manchmal in Briefen die Gedanken und Gefühle nicht rüberkommen. Aber ich will es trotzdem versuchen. Vor allen Dingen hab ich dich lieb, denke an dich und wie es dir wohl geht. Das weißt du ja, und das gilt, ob du nun ein Engel bist oder ein Bengel, ein Genie oder ein Trottel. Viel davon hängt von dir selber ab und was du entscheidest, mit deinem Leben zu tun. Was ich sagen möchte, manches davon ist nicht gerade ein lustiger Geburtstagsschwatz, aber es ist wahr: gestern stand ich auf der Straße und sah einen Sechzehnjährigen, der ein paar Stunden vorher getötet worden war. Ich kenne eine Menge Kinder, sogar jüngere, die tot sind. Es ist eine furchtbare Zeit in El Salvador für Jugendliche. So viel Idealismus und Engagement wird hier kaputtgemacht. Die Ursachen, warum so viele Leute getötet werden, sind ziemlich kompliziert, aber es gibt ein paar klare, einfache Gründe. Einer ist, daß viele Leute etwas gefunden haben, wofür es sich lohnt zu leben, sich zu opfern, zu kämpfen oder sogar zu sterben! Ob ihr Leben sechzehn Jahre oder sechzig oder neunzig dauert, für sie hat ihr Leben einen Sinn. In mancher Hinsicht sind die gut dran.
In Brooklyn passiert nicht das gleiche wie in El Salvador. Aber ein paar Dinge bleiben wahr, wo immer man ist und in welchem Alter auch immer. Was ich sagen möchte, ist, ich hoffe, du kommst dahin, das zu finden, was dem Leben für dich einen tie-

fen Sinn gibt. Etwas das wert ist, dafür zu leben, vielleicht sogar
zu sterben, etwas, das dir Kraft gibt und dich begeistert und dich
befähigt weiterzugehen.
Ich kann dir nicht sagen, was das sein könnte, du mußt es selber
finden, dich dafür entscheiden und es lieben. Ich kann dir nur
Mut machen, danach Ausschau zu halten und dich bei der Sache
unterstützen.»

Ich verstehe diesen Brief so: Du bist selber verantwortlich für den
Sinn, den du deinem Leben gibst. Auch wenn du erst sechzehn
bist, du kannst deinem Leben eine Richtung geben. Ein jüdischer
Spruch sagt: «Die Welt ist um die Wahl der Wählenden willen
geschaffen.» Aber viele Menschen sehen sich gar nicht mehr in der
Lage zu wählen zwischen sinnloser und sinnvoller Arbeit, zwischen vielen verschiedenen sinnlosen Konsumzwängen ist es ei-
nerlei, was man tut. Viele fühlen, daß über ihr Leben schon längst
woanders entschieden ist, daß sie nur noch wie verplante Objekte
funktionieren. Ita Fords Brief an ihre sechzehnjährige Nichte
finde ich eine Hochachtung vor dem Leben, die es nicht zuläßt,
daß jemand so gering von sich selber denkt. Da ist etwas von dem
Stolz, ein Mensch zu sein und nicht eine statistische Nummer. Es
ist nicht wahr, daß wir einfach gelebt werden. Wir können zwischen verschiedenen Möglichkeiten wählen. Es ist möglich, ein
Brief Christi zu werden, zum Leben geschrieben, zum Glück und
zur Gerechtigkeit.
Manche von euch werden jetzt vielleicht denken: Aber wir sind
doch nicht in El Salvador. Und wir können nicht alle Missionare
oder Sozialarbeiter sein. Was sollen wir mit diesem Beispiel eines
christlichen Lebens anfangen? Aber ich glaube, diese Art zu denken, ist eine Ausflucht. Als wollten wir den Brief Christi nicht
lesen! Ita Ford gibt ihrer Nichte nicht Anweisungen, Brooklyn zu verlassen, Nonne zu werden oder nach El Salvador zu
kommen. Wohl aber ruft sie zu einer andren Art von Leben auf,
anders als das, was wir gewöhnlich oder ziemlich bewußtlos mit
uns machen lassen. Und genau das ist es, was der Brief Christi,

65

der wir sein können, enthält. Eine Einladung zum Leben, zum Ganzsein, zum Glaubwürdigsein. Komm, steht in diesem Brief, den wir empfangen und der wir sein werden, es ist ein Glück, am Leben zu sein. Geliebt werden und lieben lernen, gerecht behandelt werden und für Gerechtigkeit einstehen, befriedigt werden und Frieden schaffen. Das Reich Gottes wird hier und heute gelebt – und das steht in dem Brief Christi.

Wenn wir ehrlich sind, dann wissen wir, daß wir wählen können, daß wir verschiedene Möglichkeiten haben, daß es einen Unterschied macht, wie wir mit unserer Zeit, unserem Geld, unserer Kraft umgehen. Wenn wir glaubwürdig leben, dann werden wir immer deutlicher für andere. Die Botschaft des Briefes, sein Inhalt wird untrennbar von uns. Wir, die etwas zu hoffen haben, die glauben lernen, auch wenn wir versucht sind, zu gering von uns zu denken, wir, die liebesfähig werden, auch wenn wir Angst haben – wir sind die Botschaft, der Brief Christi, die Einladung zum Leben.

Glauben: Alles ist möglich

Ein zentraler Bereich, in dem sich unser Leben abspielt, ist die Arbeit. Wenn wir in diesem Buch darüber nachdenken, was die Würde des Menschen ist, wie *schön* er ist und wie er des Bruders *Hüter* werden kann, dann muß all das auch in der Zeit der Arbeit gelten.

Ein bayerischer Jugendvertreter erzählt vom Jugendband bei Siemens:

> «Des is eigricht worden, daß jugendliche Arbeitslose, die also jetzt aus der Schul kommen zum Beispiel, daß die von der Straß weg sind. Und da arbeiten jetzt nur Madeln, weil das eh billige Arbeitskräfte sind, arbeiten da jetzt an dem Jugendband. Ein Unterschied is noch zur normalen Linie,

daß eben eine eine ganze Maschin macht und ned bloß ein paar Handgriff. Aber was soll das? Ein paar Handgriff mehr ersetzn keine Ausbildung. Und warum das Ganze? Weil es irrsinnig rentabel is. Da kriegt die Firma für die Arbeitsplatz vom Arbeitsamt, also vom Bund einen Zuschuß, und die Lohnkosten für die Madeln sind auch gering. Die sind 02, das heißt, die kommen auf sechshundertfünfzig Mark auf d' Hand zur Zeit. Im Monat. Damit machst natürlich als Betrieb auch schon die Motivation für eine Lehrstell kaputt. Weil wenn eine von denen, die sich jetzt an das Geld gewöhnt hat, eine Lehrstell kriegen tät, hätts bloß noch zweihundert Mark vielleicht. Das heißt also, du kannst die gar nicht dazu bewegen, daß eine Lehrstell wollen. So is das. Für den Betrieb is es gut, für den Jugendlichen schlecht. Weil, die lernen ja keine Arbeit in dem Sinn, sondern die lernen arbeiten, fließbandarbeiten und produzieren vom ersten bis zum letzten Atemzug für die Firma. Zerscht langsam, dafür kriegns auch wenig, dann mehr. Als Fließbandspezialisten.

Wiest' es drehst, der Betrieb sahnt ab, die Leut bleiben auf der Strecke als fließbanddressierte Affen, wennst' willst, ohne Beruf, Wissen, Überblick. Und dann: wer ab 15 an einer Linie steht, der kennt ja gar nix anders, wie soll er da einmal was anders wollen? Mit dem kann der Betrieb doch machen, was er will. Wers ned besser weiß, wills ned besser, is doch klar. Wie denn auch? Wie eine wirkliche Arbeit is, wost einen Gedanken entwickeln kannst, wost dich ebn doch irgendwie ausleben kannst, was dir vielleicht auch was bringt und eine Freud macht, das kennen die doch gar nicht. Die wissen bloß von Anfang an: Arbeit, des is der Zwang, ein paar Handgriff möglichst schnell zu machen. Arbeit is Hirn abschalten und sich auf den Feierabend freuen. Arbeit is, wennst' so willst, für die das Gegenteil von Leben. Aber man muß es tun, daß man leben kann.»

F. X. Kroetz, Chiemgauer Geschichten, Bayerische Menschen erzählen

Wie würde wohl ein Mensch in der Bibel auf diese Beschreibung reagieren? Seit der Erschaffung des Menschen ist Arbeit etwas, das zu uns gehört. Schon im Paradies waren Adam und Eva Gärtner. Wir sind nach dem Bilde Gottes geschaffen. Nicht, daß wir so aussähen wie Gott (und Gott so wie ein alter weißer Mann), sondern daß wir so handeln können wie Gott, ist damit gemeint. Daß wir unsere Umgebung verändern können; daß wir aus Trauer Freude machen können – manchmal; daß wir schöpferisch sind. Gott ist Schöpfer, so wie die Arbeiter die Schöpfer aller Dinge sind, die wir benutzen.

Davon ist in unserer Wirklichkeit wenig zu merken. Die jungen Mädchen, die bei Siemens zu «Fließbandaffen» herangebildet werden, haben es ja noch relativ gut. Viele andere haben überhaupt keine Aussicht auf irgendeine Beschäftigung oder Ausbildung. Die Lebenshoffnung vieler junger Menschen ist schon von vornherein eingeschränkt, die Welt mit Brettern vernagelt. Keine Hoffnung haben heißt auch, keinen Stolz darauf, ein Mensch zu sein, keine Freude daran, etwas erlernen zu können, sich und seine eigenen Kräfte zu entwickeln.

Unsere Fähigkeit, glücklich zu sein, hängt eng mit dem Arbeitenkönnen zusammen. Dabei muß man nicht an die Art von Arbeit denken, die nichts bringt außer Geld, sondern an wirklich erfüllende Arbeit. Dieses Ziel darf man sich nicht ausreden lassen, denn jeder Mensch hat ein Recht darauf, sich selber auch in seiner Arbeit zu verwirklichen.

Aber ist das nicht völlig unmöglich, unrealistisch, utopisch? Ein Traum ohne Realitätsgehalt? Wir denken normalerweise in den Bahnen dessen, was möglich ist, was machbar ist. Es ist, als liefe unser Leben auf Schienen wie ein Eisenbahnzug. Die Schienen, die Stellwerke, die Streckenführung – alles ist vorher da. Wir können sehen, daß mehr Züge fahren oder daß sie schneller fahren, aber der Spielraum zwischen Möglich und Unmöglich ist sehr begrenzt. Anders bei Jesus.

«Und als sie zu den Jüngern kamen, sahen sie viel Volk um sie her und Schriftgelehrte, die mit ihnen verhandelten. Und alles Volk erstaunte, sobald sie ihn sahen, und sie liefen hinzu und grüßten ihn. Und er fragte sie: Was verhandelt ihr mit ihnen? Und einer aus dem Volk antwortete ihm: Meister, ich habe meinen Sohn zu dir gebracht, der einen stummen Geist hat; und wo er ihn überfällt, reißt er ihn herum, und er schäumt und knirscht mit den Zähnen, und er magert ab. Und ich sagte deinen Jüngern, sie möchten ihn austreiben; und sie vermochten es nicht. Da antwortete er ihnen und sprach: O du ungläubiges Geschlecht, wie lange soll ich bei euch sein? Wie lange soll ich euch ertragen? Bringet ihn zu mir! Und sie brachten ihn zu ihm. Und als er ihn sah, riß ihn der Geist alsbald hin und her, und er fiel auf die Erde und wälzte sich schäumend. Und er fragte seinen Vater: Wie lange ist es her, daß ihm dies widerfahren ist? Er antwortete: Von Kindheit an. Und er hat ihn oft sogar ins Feuer und ins Wasser geworfen, um ihn umzubringen. Aber wenn du etwas vermagst, so hab Erbarmen mit uns und hilf uns! Da sprach Jesus zu ihm: Wenn du (etwas) vermagst? Alles ist möglich dem, der glaubt! Alsbald rief der Vater des Knaben laut: Ich glaube; hilf meinem Unglauben! Als aber Jesus sah, daß das Volk zusammenlief, bedrohte er den unreinen Geist und sprach zu ihm: Du stummer und tauber Geist, ich gebiete dir: Fahre aus von ihm und fahre nicht mehr in ihn hinein! Und nachdem er geschrien und ihn heftig hin und her gerissen hatte, fuhr er aus; und er wurde wie tot, so daß die meisten sagten: Er ist gestorben. Jesus aber ergriff ihn bei der Hand und richtete ihn auf, und er stand auf. Und als er in ein Haus gegangen war, fragten ihn seine Jünger für sich allein: Warum konnten wir ihn nicht austreiben? Da sprach er zu ihnen: Diese Art kann durch nichts ausgetrieben werden außer durch Gebet.»

Markus 9, 14–29

Die Freunde Jesu und die Schriftgelehrten sind hier in einen Streit geraten über das, was *möglich* ist. Die Freunde Jesu haben versucht, den Jungen, der psychisch krank ist und mehrfach versucht hat, Selbstmord zu begehen, zu heilen. Aber wie jeder, der schon mal versucht hat, Drogenabhängigen und Depressiven zu helfen, machen sie eine bittere und hoffnungslose Erfahrung. Der stumme Geist in dem Kranken ist stärker. Die Schriftgelehrten haben das immer schon gewußt, und man kann sich leicht vorstellen, was sie sagen: «Bildet euch doch nichts ein! Als ob ihr die Krankheit überwinden könntet! Das ist doch so wie es ist!» Die Freunde Jesu sind entmutigt, wie so oft. Was heißt das schon, wenn man zwar Christ ist, in Wirklichkeit aber auch nicht stärker als andere Leute! Und Jesus tröstet die Jünger nicht etwa, sagt nicht: «Es wird schon, habt nur Geduld!», sondern er fährt sie an: «Traurige Brut, wie lange muß ich euch noch ertragen?»

Warum sind die Jünger so verkehrt, so pervers, wie es im Text heißt, so daneben? Weil sie auch nicht glauben können, daß alles möglich ist. Alles ist möglich, dem der da glaubt. Ein Mensch zu sein, das ist mehr, als sich an das, was eben drin ist, anzupassen. Ein Mensch zu sein, bedeutet, *alles ist möglich* zu sagen. Die Welt kann von Atomwaffen frei werden und von Hunger. Der kranke Junge kann gesund werden. Es gibt Arbeit genug für alle Menschen. Es gibt Arbeit, die uns nicht dümmer, erschöpfter, seelisch und geistig ärmer macht, sondern gute Arbeit, die uns bereichert und sinnvoll ist für andere und für uns selber. Alles ist möglich – das ist ein Satz, zu dem man Glauben braucht.

Glauben ist ein großes Wort in der Geschichte Jesu und in der Bibel. Ohne Glauben kannst du nicht richtig leben, nie ein Mensch werden. Ohne Glauben sagst du dir: es geht eben nicht. Mehr ist nicht drin. Der junge Mann, der über Fließbandarbeit spricht, hat noch etwas anderes im Kopf als das, was mit seinen Arbeitskolleginnen gemacht wird. Hinter seinen Worten hört man seinen Traum, seinen Glauben. Ohne Vertrauen darauf, daß das Leben gut ist, auch für dich, daß die Schwierigkeiten und Niederlagen nicht das letzte Wort sind, auch für dich nicht, daß dein Leben ein Ziel hat, kannst du nicht wirklich leben.

In der Geschichte greift Jesus den Vater an, weil der auch auf das

Machbare, die vorgefertigte Eisenbahnschiene fixiert ist. Wenn du kannst, sagt Jesus. Was für eine Frage! Wer glaubt, kann alles! Vielleicht hat er dem Vater noch gesagt: Wenn du ein Lebensziel hast, das dein Sohn anerkennen kann, wo er mithelfen kann, dann ist alles möglich. Vielleicht hat er ihn einfach gefragt: «Und wofür lebst du?» Und wenn der Vater dann zugeben mußte, daß er nur für das Geld lebt und sonst nichts im Kopf hat und sein Sohn nicht in dieses Leben paßt, dann wird etwas klarer, warum er dem Jungen nicht helfen konnte.
Ohne Glauben geht unser Leben nur so weit, wie wir jetzt sehen können. Wir können nicht weiter sehen als: der Junge ist krank und hat versucht, sich zu töten, weil ihm sein Leben sinnlos erschien. Die Atomwaffen brauchen wir, um gegen den Angriff anderer sicher zu sein, ein Herauskommen aus den Zwängen, ein Freiwerden von ihnen ist unmöglich.

«Ein Volk ohne Vision geht zugrunde.»
Sprüche 29, 18

Glauben bedeutet, eine Vision zu haben. Nicht nur so einen privaten Traum, den man ganz für sich allein träumt, sondern einen großen Traum, den wir alle zusammen träumen können.

Lied: Wir träumen einen Traum

Gemeinde:	Wir träumen einen Traum,
	und wenn auch alle lachen,
	wir träumen einen Traum
	von einer beßren Welt.
Einzelne:	Da sind die Straßen nicht verstopft,
	da ist die Luft plötzlich rein,
	da sind die Pflanzen ohne Blei,
	da ist das Leben schön.

Gemeinde:	Wir träumen einen Traum ...
Einzelne:	Da kriegt ein jeder, was er braucht,
	da braucht ein jeder, was er kriegt,
	da ist kein Mensch mehr arbeitslos,
	da ist das Leben schön.

Gemeinde:	Wir träumen einen Traum ...
Einzelne:	Da macht die Arbeit wieder Spaß,
	da sind die Waren schön stabil,
	da kannst du selbst sie reparieren,
	da ist das Leben schön.

Gemeinde:	Wir träumen einen Traum ...
Einzelne:	Da macht uns keiner etwas vor,
	da sing ich selbst mein eignes Lied,
	da sing ich Lieder andrer mit,
	da ist das Leben schön.

Gemeinde:	Wir träumen einen Traum
	und schenken ihm das Leben,
	wir träumen einen Traum
	und machen uns die Welt.

Einzelne: Da ist die Selbstbestimmung wahr,
da helfen Bürger Bürgern selbst,
da ist dann keiner mehr allein,
da ist das Leben schön.

Gemeinde: Wir träumen einen Traum
und schenken ihm das Leben,
wir träumen einen Traum
und machen uns die Welt.

Nach einem Text von Günter Hildebrandt.
G. Hildebrandt: Wir träumen einen Traum
Copyright © 1975 by Peter Janssens Musik Verlag, Telgte

Kirche: Sie hatten alles gemeinsam

Ein Mann, dessen Frau vor kurzem gestorben ist und der nun mit zwei Kindern allein steht, hat uns folgendes gesagt:
«Manchmal weiß ich nicht, wie es weitergehen soll, mit der Arbeit, mit den beiden kleinen Kindern. Aber ich werde es schon schaffen. Mir braucht keiner zu helfen. Ich werde schon keinem auf die Nerven fallen. Wenn ich nicht weiter kann, dann schlucke ich lieber mal eine Valium. Wie es mir geht und wie ich zurechtkomme, das geht keinen was an. Wie es in mir drinnen aussieht, das zeige ich keinem. Meinen Kindern habe ich vom ersten Tag an, als meine Frau gestorben war, gesagt, sie brauchten die Musik nicht leiser zu stellen. Die Kinder sollen schließlich nicht darunter leiden, daß meine Frau tot ist. Und wie wir trauern, das ist unsere Sache, das geht keinen was an.»
Im ersten Augenblick bewunderten wir diesen Mann. Er war stark. Er gab sich nicht weinerlich seinem Schicksal hin. Er schaffte die doppelte Arbeit. Er fiel den anderen nicht auf die Nerven. Aber dann haben wir uns gefragt, ob es denn wirklich

73

wünschenswert und menschlich sei, so stark und unabhängig zu sein. Warum soll er denn seinen Schmerz verstecken? Ist es nicht menschlicher, ihn zu zeigen und die anderen daran teilnehmen zu lassen? Geht es denn wirklich keinen was an, wie er sein Leben lebt? Sind wir denn nicht dazu da, daß wir gegenseitig unsere Schmerzen wahrnehmen und unsere Lasten teilen? Überfordert er sich nicht selber, indem er nach außen stark und ein Riese sein will? Sicher folgt er mit seinem Verhalten einem Gebot unserer Gesellschaft, das die Menschen manchmal zynisch so ausdrükken: Jeder für sich und Gott für uns alle!

Es gibt eine Geschichte im Neuen Testament, die dagegen spricht:

> «Die Menge der Gläubiggewordenen aber war ein Herz und eine Seele; und auch nicht einer sagte, daß etwas von seinem Besitz sein eigen sei, sondern alles war ihnen gemeinsam. Und mit großer Kraft legten die Apostel das Zeugnis von der Auferstehung des Herrn Jesus ab, und große Gnade war auf ihnen allen. Denn es war auch kein Bedürftiger unter ihnen; alle nämlich, welche Besitzer von Grundstücken oder Häusern waren, veräußerten (sie), brachten den Erlös des Verkauften und legten ihn den Aposteln zu Füßen, und man teilte jedem aus, je nachdem einer es nötig hatte.

> Apostelgeschichte 4, 32–35

In der jungen Kirche und unter den neuen Christen gab es keinen, der etwas für sich allein hatte und für sich allein behielt. Der Besitz wurde verkauft, das Geld wurde geteilt. Es wurde gegeben, wie einer es nötig hatte. Keiner schämte sich, etwas anzunehmen. Nicht *jeder für sich und Gott für alle*. Weil Gott für alle da war, darum war jeder Mensch für den anderen da. Das ist die Kirche oder besser gesagt, das sollte die Kirche sein: jeder für jeden.

Auf der ganzen Welt entstehen heute mitten in einem erstarrten Kirchenleben neue Gruppen von Basisgemeinden. Das sind

Menschen, die als Christen zusammenleben wollen. Sie teilen ihre Freizeit, sie teilen oft ihren Besitz, sie teilen die Aufgaben, die sie in ihrem Stadtteil, in ihrer Nachbarschaft wahrnehmen. Die Bewegung geht nicht von den Pfarrern aus, sondern von der *Basis* der gewöhnlichen Leute. Die Pfarrer oder Priester sind Mitarbeiter wie alle anderen auch. Diese Menschen der Basisgemeinden haben oft Schwierigkeiten mit der offiziellen Kirche, weil sie nicht nur *rein religiös* beten und feiern, sondern sehr bewußt für die Armen und Unterprivilegierten da sind. Während sie sich aber noch um Schulaufgabenhilfe für türkische Kinder, die kein Deutsch können, bemühen, stoßen sie auf immer mehr Schwierigkeiten: mit ihrer Kirchenbehörde, mit den Anwohnern, denen zu viel Lärm gemacht wird, oft auch mit staatlichen Stellen. Dabei wachsen die Mitglieder der Basisgemeinde immer enger zusammen, helfen sich aus: mit Essenkochen, mit Kinderhüten, mit langen Wegen zu einem Amt, zum Arzt. Sie sind immer weniger nur für sich selber da. Sie werden immer mehr Kirche, nicht weil sie kirchlicher werden, sondern weil sie das Evangelium immer ernster nehmen.

Johannes, der Vorläufer Jesu, wird gefragt: Was sollen wir denn tun? Er antwortet:

> «Wer zwei Mäntel hat, gebe dem einen, der keinen hat. Wer zu essen hat, teile mit dem, der nichts hat.»
>
> Lukas 3,11

Die Menschen, zu denen er das sagte, waren extrem arm. Zerlumpte und Halbnackte waren keine Einzelfälle. Unsere Schwierigkeit heute ist, daß die Armen so weit fort sind und uns nur auf dem Umweg über Fernsehen, Zeitungen und Bücher bekannt werden. Trotzdem denken wir, daß Kirche heute wie damals anfängt mit: Teilen.

Vielleicht war es in der Wirklichkeit der ersten Christen nie ganz so. Aber in dieser Geschichte von der Urgemeinde findet jede Kirche ein Bild, an dem sie sich messen lassen muß und zeigen kann, ob sie wirklich Kirche ist.

Dietrich Bonhoeffer (1906–1945)

Die jungen Christen waren ein Herz und eine Seele, heißt es im Text aus der Apostelgeschichte. Ähnlich ist der Zusammenhang der Christen an anderen Stellen der Bibel ausgedrückt. Einige Male heißt es, daß die gesamte Kirche ein Leib mit vielen Gliedern ist. Wenn eines dieser Glieder leidet, so sagt der 1. Korintherbrief (12,26,) dann leiden alle Glieder; wenn ein Glied sich freut, so freuen sich alle Glieder. Wir denken noch einmal an den Mann, dem die Frau gestorben war, und an seine Einsamkeit. Er ist stolz und unabhängig. Aber niemand teilt seine Trauer. Bei niemandem will er weinen. Keinem will er zeigen, wenn er schwach ist. Lieber schluckt er sein Valium. Der französische Schriftsteller Paul Valéry hat einmal gesagt:

«Allein ist man immer in schlechter Gesellschaft.»

Allein hat man weniger Mut und Kraft zum Leben. Allein verrennt man sich in seiner Angst. Allein kommt man nicht auf sehr viele Ideen.

Zur Kirche gehören aber mehr als die gegenwärtig Lebenden, die unter sich ihren Besitz und ihre Lebensmöglichkeiten teilen und die *ein Herz und eine Seele* sind. Zur Kirche gehören auch alle, die vor uns gelebt haben und die angelockt wurden vom Sinn, den der Jesusglauben dem Leben gibt. Zur Kirche gehören die Toten. Kirche ist der Ort, an dem die Toten nicht vergessen sind und wo ihre Geschichte weitererzählt wird. Wir möchten die Geschichte eines solchen Toten, nämlich Dietrich Bonhoeffers, erzählen und dann sagen, warum es wichtig ist, sich dieses Toten zu erinnern. Bonhoeffer (1906–1945) war eine wichtige Figur im kirchlichen Kampf gegen die Nazis. Von Anfang an stritt er gegen den Nationalsozialismus und gegen die Pfarrer und Theologen, die ihm verfallen waren. Er organisierte und leitete eine illegale Ausbildungsstätte für junge Theologen der Bekennenden Kirche, das war der Teil der Kirche, der sich vom Nazidenken am wenigsten verführen ließ. Deswegen, und weil er öffentlich für verfolgte Juden eintrat, bekam er Schwierigkeiten mit den Nazis. Seine Situation wurde immer unhaltbarer. Er bekam Rede- und Schreibverbot. Freunde von Bonhoeffer, die ihn ret-

77

ten wollten, verschafften ihm eine Stelle als Lehrer der Theologie in New York. Das war 1939, kurz vor dem Ausbruch des Krieges. «Bleib doch hier», sagten ihm die amerikanischen Freunde. «Von hier aus kannst du den Menschen in Deutschland besser helfen, als wenn du drüben wärest.»

Bonhoeffer zögerte lange und wußte nicht, was tun. Er schrieb an einen Kollegen in New York:

«Ich bin zu dem Schluß gekommen, daß ich einen Fehler gemacht habe, indem ich nach Amerika kam. Ich muß diese schwierige Periode unserer nationalen Geschichte mit den Christen Deutschlands durchleben. Ich werde kein Recht haben, an der Wiederherstellung des christlichen Lebens nach dem Kriege in Deutschland mitzuwirken, wenn ich nicht die Prüfungen dieser Zeit mit meinem Volke teile. Meine Brüder von der Synode der Bekennenden Kirche bestimmten mich, fortzugehen. Es mag sein, daß sie recht hatten, als sie mich dazu drängten; aber es war falsch von mir, fortzugehen. Eine derartige Entscheidung muß jeder für sich selbst treffen. Die Christen in Deutschland stehen vor der fürchterlichen Alternative, entweder in die Niederlage ihrer Nation einzuwilligen, damit die christliche Zivilisation weiterleben kann, oder für den Sieg zu sprechen, der unsere Zivilisation zerstört. Ich weiß, welche dieser Alternativen ich zu wählen habe, aber ich kann diese Wahl nicht treffen, während ich in Sicherheit bin ...»

Bonhoeffer wollte sich vor den Auseinandersetzungen, vor dem Kampf und auch vor dem möglichen Tod nicht drücken. Er kehrte zurück und arbeitete im politischen Widerstand der Leute vom 20. Juli 1944 mit, die versuchten, Hitler zu töten. 1943 wurde er verhaftet und wenige Tage vor dem Ende des Krieges im Konzentrationslager Flossenbürg von den Nazis erhängt.

Was bedeutet es, die Geschichte dieses Toten zu kennen? Ein Mensch aus der Gruppe, zu der wir uns zählen, ein Christ, hatte einen großen Traum vom Leben. Er dachte sich, daß die Würde allen gehört, auch den Juden, auch den Zigeunern. Er stand für diesen Traum ein, der damals unmöglich schien und lebensge-

78

fährlich war. Er wählte nicht den verständlichen Ausweg, im sicheren Amerika zu bleiben, er kehrte zurück, obwohl ihn die Rückkehr das Leben kostete. Fast mehr als sein Tod im Konzentrationslager berührt uns dieser Augenblick in seinem Leben: er gibt seine Sicherheit auf und wählt den Kampf gegen die faschistischen Mörder und den Tod. Es stärkt unseren Glauben an das Leben, wenn wir sehen, wie Menschen gelebt haben, ohne sich zu verraten. Der Traum, den wir selber vom Leben haben, wird deutlicher, radikaler, schärfer, wenn wir wahrnehmen, wie groß und wie mutig der Traum dieses Toten war. Wir fühlen auch, daß wir diesem Toten etwas schuldig sind, nämlich ein Stück dessen zu verwirklichen, was er geträumt hat. Der Tote braucht uns, weil seine großen Wünsche für das Leben noch nicht erfüllt sind. Wir müssen das Feuer in Brand halten, das er angezündet hat. Kirche, das heißt, unsere Lebensmöglichkeiten liegen nicht in uns allein; wir haben Brüder und Schwestern, die uns zum Leben verhelfen; wir haben Väter und Mütter, wir haben Tote, deren gelungenes Leben uns ermutigt und stärkt. Wenn wir allein zu schwach sind, die großen Wünsche und Träume für das Leben zu bewahren, dann können wir uns in der Tradition Verbündete für die eigenen Träume suchen. Gerade weil wir erfahren haben, daß unser eigenes, von den anderen isoliertes und getrenntes Leben arm ist und nicht ausreicht, stellen wir uns in Zusammenhang mit den Wünschen, mit dem Mut, mit der Arbeit der vielen. Wir entdecken: man braucht ja gar nicht allein und nur man selber zu sein. Es waren ja Leute vor uns, die gekämpft haben. Es hat ja einmal diesen Dietrich Bonhoeffer gegeben, der nicht im schützenden Amerika geblieben ist, als sein Mut zu Hause gebraucht wurde. Es hat auch immer wieder ganze Gruppen von Menschen gegeben, die zum Widerstand fähig wurden. Als die Nazis befahlen, daß alle Juden einen gelben Stern mit dem Wort *Jude* darauf tragen sollten, hat der dänische König und mit ihm viele Menschen in Dänemark erklärt: Dann tragen wir alle auch so einen Stern!

Kirche heißt auch einen Ort haben, wo solche Geschichten

erinnert und erzählt werden. Wir brauchen diese gefährliche Erinnerung an die Vielen und Mutigen, die es um uns gibt und die es vor uns gegeben hat. Wir brauchen auch das Vertrauen auf die, die es nach uns geben wird. Wir hoffen, wenn unsere eigene Kraft nachläßt, auch darauf, daß die, die nach uns kommen, mehr erreichen, als wir selber erreicht haben. Als die Bauern in ihren Kämpfen um Befreiung von den Fürsten besiegt wurden, haben sie gesungen:

«Geschlagen ziehen wir nach Haus, die Enkel fechten's besser aus!»

Wenn ein Mensch in Würde alt geworden ist, dann lernt er, daß es nicht darauf ankommt, daß er allein alle Siege erringt. Wir möchten es mit einem altmodischen und schönen Wort nennen: es ist ein großer Trost, daß wir nicht alles allein machen müssen und daß unser Scheitern nicht das Scheitern der Sache bedeuten muß, für die wir gekämpft haben. Das ist Kirche: daß man nie allein sein muß, nicht allein in den Träumen, nicht allein in den Niederlagen.

Ewiges Leben: In der Liebe bleiben

Ich kenne eine Frau in Hamburg, die seit fünf Jahren allein lebt. Bei Kriegsende ist sie von Pommern nach Hamburg geflohen. Seitdem ihr Mann tot ist, hat sie zwei Zimmer ihrer Etage vermietet, um die Rente aufzubessern. Die einzigen Menschen, die sie kennt, sind die Mieter und die Flurnachbarn. Kinder wollten sie nicht haben, wie sie sagt.

Ihr Leben besteht darin, die Wohnung instand zu halten, einzukaufen, auch manchmal für die Mieter mit, und zu kochen. Dies für sich allein. Nachmittags sieht sie oft fern. Sie liest kaum, gelegentlich eine Illustrierte. Es ist nicht einfach, sich mit ihr zu unterhalten, sie erzählt immer dieselben Witze. Am lebendigsten wird sie, wenn die Rede auf «früher» kommt, auf Pommern, das

Landleben und den Arbeitsdienst. Aber ihre Erinnerungskraft ist gering, über die eigene Person geht es kaum hinaus, sie weiß nichts von ihren Großeltern. Sie lebt religionsfrei. Durch den Konfirmandenunterricht ist sie oberflächlich mit dem Christentum in Berührung gekommen, es bedeutet ihr aber nicht viel, weder für sie persönlich, noch für ihre Umwelt. Als sie aus ihrem Heimatort vertrieben wurde, konnten die Reste von Religion in ihr einfach verkümmern.

«Man hat ja nur seine Arbeit», sagt sie. Sie mißt sich an den anderen: Wer gebohnert hat und wer einkauft, wer dies oder das angeschafft hat. Sie ist mit einer ehemaligen Arbeitskollegin befreundet.

«Ich laß die aber nicht rein», sagt sie mir. Ihr Wohnzimmer ist daueraufgeräumt. Sie weiß, wo man leckere Wurst billiger bekommt. Dann kennt sie noch die Sorge um die Gesundheit, den eigenen Körper. Als ein Nachbarjunge auf dem Motorrad tödlich verunglückt, bemerkt sie: «Und die Eltern haben so viel reingesteckt.»

Ich erzähle von dieser Frau, weil ich etwas über den Tod sagen will. Über den ganz normalen Tod eines sinnlosen Lebens. Eines Lebens ohne Beziehung zu anderen Menschen, ohne Anteilnahme an ihnen, ohne Veränderung durch sie.

Die Bibel erhebt Einspruch gegen diese Art von ganz normalem Leben. Sie nennt es gar nicht Leben, sondern Totsein.

«Wer nicht für den andern da ist, der ist noch tot»
1. Johannes 3,14

Oder in einer älteren Übersetzung: «Wer den Bruder nicht liebt, der bleibt im Tode.»

Viele Leute sind tot, obwohl sie noch rumlaufen. Sie haben irgendwann einmal das Leben vergessen, den Wunsch nach Leben, die Wut im Bauch, das große Herzklopfen, wenn man jemand sehr gern hat, die Angst, daß etwas Schreckliches passieren könnte, den Traum von einer Zukunft.

Die Bibel sagt, daß jemand, der ohne Beziehung lebt, wie tot ist. Die Bibel hat eine schöne und reiche Vorstellung von dem wirklichen Leben, dem erfüllten Leben.

> «Wir wollen füreinander dasein,
> denn das Dasein füreinander kommt von Gott
> und entspricht seinem Dasein.
> Wer für den anderen da ist,
> hat Leben von Gott und erkennt ihn,
> wer nicht für den anderen da ist,
> hat Gott nicht erkannt.
> Denn Gott ist Dasein für andere.»
> «Kein Mensch hat Gott je gesehen,
> aber wenn wir füreinander da sind,
> haben wir Teil an Gottes Dasein,
> und sein Dasein für uns
> wird völlig in uns wahr.»
> 1. Johannes 4,7 + 8,12

Gott ist Liebe, das ist das Einfachste, Schönste und Klarste, was man über Gott sagen kann. Wer liebt und Beziehungen zu anderen hat, kommt aus dem Totsein heraus. Religion ist ein anderes Wort für Beziehung. Es heißt ursprünglich: Bindung, Rückbindung. Wer mit anderen, mit der ganzen Schöpfung und auch mit sich selber, seinen eigenen Wünschen und Träumen verbunden ist, den nennen wir *religiös*.

Viele Krankengeschichten im Neuen Testament erzählen, wie Menschen durch ihre Krankheit *gestorben* sind, weil sie nicht wirklich mit den anderen leben konnten. In Jerusalem gibt es beim Schaftor einen Teich mit dem Namen Bethesda; das Wasser dieses Teiches galt als heilkräftig. Von Zeit zu Zeit bewegte es sich; ein Engel fuhr herab und bewegte es. Wer danach zuerst ins Wasser stieg, wurde gesund. Aber viele, viele Kranke, Lahme, Blinde, Leprakranke warteten jahrelang auf das Wunder.

«Es war aber dort ein Mensch, der achtundreißig Jahre an seiner Krankheit gelitten hatte. Als Jesus diesen daliegen sah und erfuhr, daß er schon lange Zeit (so) zugebracht hatte, sagte er zu ihm: Willst du gesund werden? Der Kranke antwortete ihm: Herr, ich habe keinen Menschen, der mich in den Teich bringt, wenn das Wasser bewegt wird; während ich aber komme, steigt ein andrer vor mir hinab. Jesus sagte zu ihm: Steh auf, hebe dein Bett auf und geh umher! Und alsbald wurde der Mensch gesund, hob sein Bett auf und ging umher.»

Johannes 5, 5–9

Der schlimmste Satz in dieser Geschichte ist: Herr, ich habe keinen Menschen! Darin steckt das ganze Elend einer achtunddreißigjährigen Krankheit. Er ist allein, er ist hilflos und zum Kranksein verurteilt. Ohne andere Menschen hat er keine Chance. Der Kranke muß aber doch noch Hoffnung haben. Sonst würde er sich nicht an Jesus wenden, er würde nichts mehr antworten.

Die Frau in Hamburg hat noch nicht einmal das. Sie wartet nicht auf den Engel, der das Wasser bewegt. Sie erzählt niemandem, wie leer ihr Leben ist. Nicht einmal sich selber. Sie kann nicht bitten oder beten.

Wir denken oft, die Krankheit sei etwas, das nur am Körper ist und daher am Körper geheilt werden muß. Aber im Neuen Testament werden alle Krankheiten und Behinderungen gesehen als das, was sie wirklich sind: soziale Krankheiten. Sie haben etwas mit der Gesellschaft, in der jemand lebt, zu tun. Krankheit ist nicht eine private Angelegenheit von einem einzelnen, mit der er oder sie allein fertig werden muß. Jede Krankheit enthält eine Frage an die anderen Menschen. Leute, die einen Nervenzusammenbruch haben oder in einer seelischen Krise sind, verstecken das möglichst vor ihren Chefs und Kollegen. Damit verstärken sie ihre Einsamkeit. Vor kurzem traf ich einen Afrikaner, dem es ganz gut in Deutschland geht. Er verdient nicht schlecht.

«Aber eins möchte ich nicht in Deutschland: alt werden. Das muß furchtbar sein.»

83

Ein alter, ein Mensch, der nicht mehr das leistet, was allgemein anerkannt wird, muß dann sagen: Herr, ich habe keinen Menschen, der mich an den Teich bringt. Es gibt keine Hoffnung. Er wird alleingelassen, und dann verfestigt und verschlimmert sich die Krankheit. Geheilt werden im Sinne Jesu bedeutet, nicht mehr sagen zu müssen: Ich habe keinen Menschen.

Wenn ein Mensch aus dem Tod, in dem er sich befand, ins Leben kommt, so nennen wir das *Ewiges Leben.* Wir können auch sagen: wirkliches Leben, oder: Glück, oder: Leben, in dem wir nicht mehr getrennt und abgeschnitten sind von dem großen Leben, das wir Gott nennen.

Manche Leute vermuten, das Ewige Leben käme erst nach dem Tode. Aber die Bibel meint es viel näher hier bei uns. Jesus hat es gelebt und seine Freunde auch.

> «Das Reich von Gott kommt nicht so,
> daß ihr dabeistehen, zusehen könnt.
> Ihr könnt auch nicht darauf zeigen
> und sagen: Hier oder da tut es sich!
> Denn das Reich kommt auf euch zu,
> mitten unter euch wird es schon wahr.»
>
> Lukas 17, 20+21

Ewiges Leben ist nicht eine unendlich lange Dauer von etwas, was wir schon kennen, nicht ein quantitativer Begriff, sondern etwas anderes und Neues, ein qualitativer Begriff.

> «Meine Freunde seid ihr,
> tut ihr, was ich euch sage.
> Nicht meine Untergebenen seid ihr,
> denn ein Untertan hat keinen Einblick
> in das, was der tut, der über ihm ist.
> Nein, ich habe euch Freunde genannt,
> denn alles, was Gott mir anvertraut hat,
> habe ich an euch weitergegeben. –
> Nur das eine gebe ich euch auf,
> daß ihr einer für den anderen da seid.»
>
> Johannes 15, 14+17

Vor kurzem fragte mich ein junges Mädchen in einer Diskussion: «Ist mit dem Tode alles aus?» Ich wollte gerne wissen, was sie zu der Frage gebracht hat. Sprach sie über sich selber, hatte sie vielleicht Angst, Krebs zu kriegen und sterben zu müssen? Oder sprach sie so, weil sie eine Freundin oder einen Freund verloren hatte und eine Art Trost suchte in der Hoffnung auf ein Wiedersehen nach diesem Leben? Oder war es mehr eine theoretische Frage, wie man sie manchmal in Diskussionen gestellt bekommt? Ich hatte zuvor versucht, über das *Ewige Leben* zu sprechen, das hier auf der Erde stattfindet. Die Bibel benutzt das Wort *tot* meistens nicht im biologischen Sinn, sondern eher so, wie wenn wir über etwas sagen: Alles tot! Kannste vergessen! Ich habe eine ganze Weile überlegt, was ich dem jungen Mädchen noch sagen könnte. Schließlich meinte ich: Es kommt darauf an, was wir unter *alles* verstehen. Wenn du für dich *alles* bist, dann ist für dich mit dem Tod alles aus. Wenn dein Leben aber alles um dich herum erfaßt, wenn du ein Teil des ganzen Lebens auf der Erde bist, ein Teil der Liebe, die Menschen und Schöpfung miteinander verbindet, dann weißt du ganz gewiß, daß es nach dir weitergeht. Dann bist du ein Teil des Lebensstroms geworden. Dann bist du auch Wasser des Lebens geworden. Dann ist gar nichts aus, weil Gott nicht *aus* ist.

Reich Gottes: Freiheit vom Haben, Freiheit zum Leben

Früher wohnten wir in Köln und hatten einen Nachbarn, dessen Frau nicht mehr lebte. Sie hatten keine Kinder gehabt, und waren sehr auf ihr Eigentum bedacht. Eines Tages hatte er sein Haus frisch verputzt und eines unserer Kinder lehnte sein Fahrrad gegen die Wand. Der Nachbar klingelte uns heraus und sagte empört: Da! Sehen Sie! Diese Kratzer! Und dann sagte er noch etwas mit ganz trauriger Stimme: Wo doch das Eigentum das einzige ist, was ich noch habe.

Diesen Satz werde ich nie vergessen. Es war tatsächlich das einzige, was mein Nachbar noch hatte: Sein Haus, sein Garten, sein Grundstück. Eigentum. Es mußte vor Lärm und Schmutz und vor Kindern und anderen falschen Leuten beschützt werden. Er war selber traurig, daß es so weit mit ihm gekommen war, aber da half nun nichts. Sein Leben war gegründet auf das, was er hatte, auf das Haben. Dieser Wunsch steckt in allen Menschen: sich das Leben sicherer zu machen durch das, was sie haben. Haste was, dann biste was, wie es bei der Sparkasse heißt. Stimmt das? Was heißt denn *biste was*, was heißt *etwas sein*?

Die Bibel warnt immer wieder vor Reichtum. Jesus meint, man muß das Leben nicht auf Haben, Kaufen, Kriegen, Besitzen, Verbrauchen gründen. Was ist das Wichtigste für dich? Wofür lebst du?

Es gibt auch Kinder und Jugendliche, die versuchen, ihr Leben vom Haben her aufzubauen. Sie *kaufen* sich Freunde, geben mit ihren Sachen an, reden verächtlich über das, was andere haben (kannste vergessen!), bestechen andere mit Süßigkeiten. Aber man kann das Leben nicht kaufen, auch Freunde nicht. Da sind andere Dinge wichtig: Hilfsbereitschaft, Einfallsreichtum, Witz, Zuverlässigkeit – das ist wichtig. Nicht was jemand *hat*, sondern wie jemand *ist*, ist entscheidend.

Es ist nicht schwer, Menschen zu unterscheiden. Ob sie *tot* sind, weil sie nur an toten Sachen wie Bankkonto, Auto, Haus interessiert sind, oder ob sie ihrem Leben einen anderen Sinn gegeben haben. Es geht uns oft so, daß wir jemanden kennenlernen, dem man schon am Gesicht ablesen kann: er lebt. Sein Leben hat eine Richtung, ein Ziel. Solange du noch meinst, das Glück läge im Haben und Mehrhaben, solange bist du noch abhängig von all den Sachen, solange bist du noch nicht frei. Davon hat Jesus oft gesprochen.

«Macht euch kein Vermögen im Land,
für Motten und Würmer, Einbrecher und Diebe.
Macht Gott zu eurem Vermögen,
das nicht Motten und Würmer zernagen,
Diebe und Einbrecher euch nicht rauben.
Denkt daran:
Wo euer Schatz ist, ist euer Herz.»

Matthäus 6, 19–21

Wenn hier die Reichen kritisiert werden, dann muß man nicht nur an Millionäre denken. Gemeint ist jeder Mensch, der fürs Geld lebt. Wo unser Schatz ist – das, wofür wir arbeiten, uns plagen, wovon wir träumen, da ist unser Herz. Reiche im Sinne Jesu sind alle, deren wichtigstes Interesse im Leben das Geld ist. Auf einer Klassenversammlung wurden die Abiturienten gefragt, was sie denn später mal werden wollten. Nach längerem Schweigen stand ein junger Mann auf und sagte, er wisse es noch nicht so genau, aber eines sei klar: es müsse viel bringen. Einige Eltern lachten verlegen, als sei es ein bißchen unanständig, das so direkt zu sagen. Dabei hat er nur ehrlich wiedergegeben, was er bis zu seinem 19. Lebensjahr gelernt hat.

Die Bibel erhebt Einspruch

- gegen das Eigentum und die Menschen, die ihm verfallen sind
- gegen die Herrschaft von Menschen über Menschen, die darauf beruht, daß die Reichen das Sagen haben
- gegen die Einrichtungen wie Fabriken oder Geschäfte, Schule oder Kirche, Gericht oder Krankenhaus, die nach demselben falschen Grundmuster funktionieren: Nach dem Haben und nicht nach dem Sein.

Weil die ersten Christen sich nicht so fürs Eigentum interessierten, weil sie von der Herrschaft genug hatten, die die Ungerechtigkeit nur beschützte, und weil sie mit vielen Einrichtungen – wie dem Tempeldienst, dem Soldatendienst, der Ergebenheit vor dem Kaiser nichts anfangen konnten, darum wurden sie verfolgt. Genauso ist es auch heute. Die schwarzen Christen in Süd-

87

afrika, die campesinos in Südamerika, die Arbeiterinnen in der Elektroindustrie auf den Philippinen, alle sind verarmt und unterdrückt. Oft tun sie sich zusammen, sie organisieren sich, sie beten zusammen und lesen die Bibel. Schon das ist – zum Beispiel in El Salvador – ein Verbrechen. Die Bibel gilt dort als *subversiv*. Sie ist ein verbotenes und gefährliches Buch. Wenn ein Pfarrer mit den Armen zusammen dieses Buch liest und die Polizei hört zu, so passiert es immer wieder, daß der Priester ein paar Tage später verschwindet oder aus ungeklärten Gründen vom Motorrad stürzt oder tot aufgefunden wird. Vielleicht hat er den Leuten etwas vorgelesen wie dieses:

«Ihre Hände verstehen es trefflich, Böses zu tun;
der Obere fordert, und der Richter ist feil; der
Mächtige entscheidet nach seinem Belieben,
und das Recht, das verdrehen sie.»

Micha 7, 3

oder Worte des Propheten Hesekiel wie diese:

«Die oben sitzen,
sind Untiere, auf Raub aus,
sie fressen Menschen,
stehlen Hab und Gut,
mehren die Witwen im Land.»

Hesekiel 22, 25

Die Kritik an den Herren soll nicht dazu führen, daß die Armen nun selber Herren werden oder sich Königsallüren zulegen. Jesus hat die Herrschaft nicht nur bei anderen, sondern radikal, für jeden kritisiert:

«Ihr wißt doch Bescheid, ihr kennt sie: Unterdrücker, das
sind die sogenannten Führer, Gewalttäter sind sie, die ho-

hen Herren da oben! Unter euch aber kann das nicht so sein, sondern will einer groß bei euch sein, mache er sich für die anderen klein, und wer an der Spitze stehen will, trete am meisten hinter den anderen zurück. Gekommen bin auch ich, der Menschensohn, nicht, mir dienen zu lassen, sondern dazusein für andere, Menschen frei zu machen, setze ich mein Leben ein.»

Markus 10,42–45

Oft werden wir festgehalten oder geknechtet, weil wir uns in bestimmte Bindungen begeben haben, also dafür selbst gesorgt haben, daß wir beherrscht werden. Wer ein Haus abzahlen muß, läßt sich von seinem Arbeitgeber alles gefallen. Wer Angst hat, die Stelle zu verlieren, wird mehr schlucken. Wer eine gute Note möchte, wird vor dem Lehrer buckeln.

Die Bibel zeigt einen anderen Weg, der uns nicht unfreier, ängstlicher, duckmäuserischer werden läßt, sondern mutiger und stärker. Dabei verschieben sich unsere Vorstellungen von dem, was uns besonders wichtig ist.

Ich sage euch:
Macht euch keine Gedanken um Dinge,
die ihr zum Leben, fürs Essen, zum Anziehen braucht.
Ist nicht Leben mehr als Essen und Trinken,
der Leib nicht besser als die Kleidung?

Guckt den Raben zu,
säen und ernten, beides tun sie nicht,
noch legen sie Vorräte an.
Trotzdem sorgt Gott für sie,
erst recht auch für euch.

Macht euch nicht verrückt mit unnötigen Gedanken,
eure Lebenszeit verlängert ihr so kein bißchen,

Da fragt ihr, was ihr anzieht?
Guckt den Blumen zu, wie sie wachsen,

spinnen und sorgen, beides tun sie nicht,
aber ich sage euch:
Auch nicht der große Salomo
inmitten all seiner Pracht
war wie eine von den Blumen so schön,
die wild auf den Feldern wachsen.
Heute schießen sie auf,
sind vielleicht morgen schon verbrannt.
Trotzdem kleidet sie Gott,
erst recht auch euch.

Ihr traut ihm einfach zu wenig,
gerade ihr müßt euch nicht fragen:
Wie kommen wir an Nahrung, an Anziehsachen?
Überlaßt das Leuten, die von Gott nichts wissen.
Ihr seid seine Töchter und Söhne,
er weiß, daß ihr das alles braucht.
Er ist es, der Recht dem Land schafft,
und darum soll es auch euch zuerst gehen,
alles andere ergibt sich von selbst.

Matthäus 6,25 f und Lukas 12,22 f

Die letzten beiden Verse heißen in der Luther-Übersetzung so:

«Trachtet am ehesten nach dem Reiche Gottes,
so wird euch alles andere zufallen.»

Wenn man diese Worte wirklich versteht und danach zu leben versucht, dann ist das die Erfahrung einer großen Freiheit. Wenn es um die Gerechtigkeit geht, verfliegt Angst und falsche Rücksichtnahme. Es stört mich dann nicht mehr, wenn ich manchen Leuten lächerlich erscheine. Ich frage nicht mehr: wie sieht das aus? Gott ist hinter mir wie eine unsichtbare Mauer, an die ich mich anlehnen kann. Die anderen sehen nur mich, sie finden es zwecklos, was ich tue, aber jeder, der die große Freiheit gefunden hat, für das zu leben, was ihm wirklich wichtig ist, wird, wie

Martin Luther das ausdrückte, «ein freier Herr aller Dinge und niemandem untertan.»

Im Frühjahr 82 war die Versorgung mit Lebensmitteln in Polen besonders schlecht. Ein paar Leute in Köln hatten sich deswegen folgendes ausgedacht: Am Samstag zur Einkaufszeit stellten sie sich vor einen großen Supermarkt und verteilten an alle, die hereingingen, Flugblätter mit der Bitte um Hilfe für Polen. Die Leute wurden aufgefordert, bei ihrem Einkauf etwas mitzubringen, das dann nach Polen sollte: Milchpulver, Fett, eine Dose Wurst oder so.

Unsere Kölner Freunde haben das in zwei sehr verschiedenen Gegenden gemacht – und waren sprachlos über das, was sie da erlebten. Die Leute in dem Arbeiterviertel Köln-Ehrenfeld brachten fast alle etwas von ihrem Einkauf mit, manchmal nur ein Pfund Zucker, manchmal mehr. Einen Lastwagen bekamen sie im Nu voll. Die Leute in einem feineren Viertel verhielten sich anders: sie wollten die Flugblätter nicht annehmen oder sie steckten sie schnell weg, ohne sie zu lesen. Manche fingen an zu diskutieren und sagten, die Polen seien arbeitsscheu und selber schuld. Nur wenige brachten Lebensmittel mit, wenn auch als einzelne dann mehr. Das Ergebnis war viel schlechter als bei den ärmeren Leuten.

Es gibt viele Arten, das Teilen zu lernen. Milchpulver für polnische Kinder hat etwas mit dem Reich Gottes zu tun.

Ich kenne ein paar junge Menschen, die sich in der Innenstadt freitags abends an einen Platz stellen und «für den Frieden schweigen». Sei tun gar nichts weiter, als schweigend dazustehen. Sie haben Flugblätter dabei, auf denen erklärt wird, warum sie gegen die weitere Aufrüstung unseres Landes sind. Auch das ist teilen. Die Sorge um die Zukunft teilen und das Wissen teilen. Sich kundig machen, Anteil nehmen. Andere aufklären und teilnehmen lassen, am Wissen darüber, wer uns in den Krieg treibt. Die Erklärungen der Politiker geben keinen Aufschluß in dieser Frage. Die jungen Leute haben mir von ihren Erfahrungen bei diesem Schweigen erzählt: viele Leute sehen eifrig in eine andere Richtung, manche beschleunigen die Schritte. Einige bleiben stehen und pöbeln die jungen Leute an, beschimpfen sie oder fangen an zu lachen. Das ist schwer zu ertragen.

Kreuz: Der Schrei der Gefolterten

Ich möchte von einem afrikanischen Widerstandskämpfer erzählen, von Steve Biko. Er wurde 1946 in King William's Town in der Südafrikanischen Union geboren und hatte an einer schwarzen Hochschule einen Studienplatz für Medizin bekommen, was eine große Seltenheit ist. Er geriet schon früh in die Studentenbewegung, die sich für die Gleichheit aller sogenannten *farbigen* Schulkinder einsetzte, das heißt Kinder, die in vollständig überfüllten Klassen von schlecht ausgebildeten Lehrern mehr verwahrt als erzogen werden. Steve Biko wurde Freiheitskämpfer.
Einmal traf Steve Biko einen Arbeiter in Durham, der den Lieferwagen einer Reinigungsfirma fuhr. Er erzählte ihm seinen Tagesablauf: um vier Uhr aufstehen, nach einem langen Fußmarsch einen Bus in die Stadt nehmen, in der er als Inder nicht wohnen darf. Das ist eine Maßnahme des Apartheidsystems, durch das

die Farbigen von den Weißen *apart*, also abgetrennt gehalten werden. Nach einem langen Arbeitstag muß er wieder mit drei bis vier Stunden Heimweg rechnen und kommt gegen halb zehn nach Hause, zu müde, um noch irgend etwas anderes zu tun als zu schlafen. Am anderen Tag geht es genauso weiter. Dieser Mann sagte zu Steve: «Ich arbeite nicht mehr, um zu leben; ich lebe nur, um zu arbeiten.»

So geht es Millionen in Südafrika, das ist die Realität in der Apartheid, und dieser Mann hat noch Glück, wenn er mit seiner Familie zusammenlebt. Die Mehrzahl der schwarzen Arbeiter muß ihre Familien in den weit entfernten *homelands* lassen und kann Frau und Kinder nur einmal im Jahr besuchen.

Steve Biko sah das größte Unglück seiner Landsleute in der inneren Unterdrückung, die durch die äußere Ausbeutung hervorgerufen wird. Er versuchte mit anderen zusammen das Bewußtsein der Schwarzen zu wecken, im Black Consciousness Movement (BCM):

«Ich glaube, der schwarze Mensch in diesem Land wird von zwei Kräften unterworfen. Zunächst ist er durch die äußere Welt, diese institutionalisierte Maschinerie unterdrückt, durch Gesetze, die ihm verbieten, bestimmte Dinge zu tun, durch schlechte Arbeitsbedingungen, armseligen Lohn, sehr schwierige Lebensbedingungen und eine miserable Erziehung. Das alles kommt von außen auf ihn zu. Zweitens, und das ist für uns das Wichtigste, hat der schwarze Mensch in sich selber einen Zustand der Entfremdung entwickelt, er verneint sich selber, weil er alles, was gut ist, mit *weiß* verbindet, in anderen Worten, wenn er an das Gute und Schöne denkt, so denkt er dabei gleich an die Weißen, die es erleben. Das kommt von seiner Lebensart und entsteht aus seiner Entwicklung seit der Kindheit.»

So verachtet und haßt der Schwarze sich selber. Das hat ihn der weiße Herr gelehrt.

Steve Biko wurde ein Revolutionär, der den Menschen ihre Würde und ihre Selbstachtung, eben ihr Bewußtsein wiedergeben wollte.

«Wir versuchen, die Schwarzen dazu zu bringen, daß sie realistisch mit ihren Problemen ringen und versuchen, Lösungen zu finden, daß sie etwas, das man ein Bewußtsein nennen kann, entwickeln können, ein körperliches Bewußtsein ihrer Lage, daß sie sie analysieren können und Antworten für sich selber geben können. Der Sinn dahinter ist, eine Art Hoffnung bereitzustellen ... Menschen sollen sich nicht der Härte des Lebens ergeben. Menschen müssen Hoffnung entwickeln ...»

Für die weißen Herren in Südafrika war dieses Programm, das tatsächlich auf die Veränderung des Herzens, der Hoffnung, des Bewußtseins zielte, zu gefährlich. Wie so viele schwarze Führer wurde Biko *gebannt*, was ein anderer Teil des Apartheidsystems ist: der Gebannte darf nicht verreisen, sich nicht abends auf der Straße bewegen, nicht mit mehr als einer Person auf einmal sprechen, er muß sich wöchentlich bei der Polizei melden. Steve war ein lebendiger, vitaler, starker Mensch. Er liebte, trank und scherzte gern mit seinen Freunden, er hatte Spaß daran, wenn sie den beschattenden Polizisten mal wieder eins auswischen konnten, er arbeitete auch als Gebannter weiter in der Bewegung.

Die Befreiung, die er wollte, sollte auch den weißen Unterdrückern zugute kommen. Sein Ziel war ein vom Rassismus befreites, die Rassen versöhnendes Land. Im September 1977 wurde er verhaftet. Die Polizisten folterten ihn und schlugen ihn zusammen. Nackt und ohne ärztliche Versorgung wurde er in ein 700 Kilometer entferntes Gefängniskrankenhaus gebracht – dort starb er. Mit ihm starb auch die große Hoffnung vieler weißer Südafrikaner, die keine Rassisten sind, auf eine friedliche Lösung des Problems.

Biko hatte einen Freund, ein Geistlicher aus England, der ihn einen «selbstlosen Revolutionär» genannt hat. Selbstlos heißt hier, daß Steve gänzlich frei von Haß, Bitterkeit oder Vorurteil war. Die Erniedrigungen haben ihn niemals seine *ubuntu*, seine Menschlichkeit verlieren lassen. Selbst unter der Folter, als er

Steve Biko (1946 – 1977)

durch einen Schädelbruch bereits zum Sterben verurteilt war, hat er einen seiner Wächter, der ihm Wasser gegeben hatte, zum Dank küssen wollen.

Sich an einen Märtyrer wie Steve Biko zu erinnern bedeutet, sich auch an die eigene Menschlichkeit erinnern zu lassen. Mit Menschlichkeit meinen wir nicht die Fähigkeit, friedlich zuzusehen bei dem, was um uns herum geschieht.

Menschlichkeit heißt: Anteilnahme, Solidarität mit den Unterdrückten und Widerstand gegen die Unterdrücker. Zur Menschlichkeit gehören Kampf und Leiden. Das drückt die christliche Tradition mit einem ganz einfachen Zeichen aus, das jeder mit der Hand in die Luft schreiben kann. Das Zeichen ist das Kreuz, und es spricht von der selbstlosen revolutionären Liebe. Ursprünglich war das Kreuz einfach ein Folterinstrument, mit dem im römischen Staat Aufrührer und arme entlaufene Sklaven langsam und qualvoll hingerichtet wurden. «Laß ihn kreuzigen!» hieß so viel wie: laß ihn zu Tode foltern.

So wie heute Menschen mit Elektrogeräten viele Stunden lang gequält werden, wie sie, wenn sie das Bewußtsein verlieren, mit Wasser übergossen aufs neue an die Maschine angeschlossen werden, bis der Tod sie erlöst, so erging es damals Jesus von Nazareth, der als ein Gefährlicher, ein Terrorist, Subversiver, Umstürzler und Aufrührer angesehen wurde.

> «Es wurden aber auch noch zwei Verbrecher abgeführt, um mit ihm hingerichtet zu werden. Und als sie an den Platz kamen, welcher Schädel heißt, kreuzigten sie dort ihn und die Verbrecher, den einen zur Rechten, den anderen zur Linken. Jesus aber sprach: Vater, vergib ihnen, denn sie wissen nicht, was sie tun! Darauf warfen sie das Los, um seine Kleider unter sich zu verteilen. Und das Volk stand da und sah zu. Aber auch die Oberen höhnten: Andre hat er gerettet; er rette sich selbst, wenn er der auserwählte Christus Gottes ist! Es verspotteten ihn aber auch die Soldaten, indem sie hinzutraten, ihm Essig brachten

und sagten: Wenn du der König der Juden bist, so rette dich selbst! Es stand aber auch eine Aufschrift über ihm: Dies ist der König der Juden. Einer der gehenkten Verbrecher aber lästerte ihn: Bist du nicht der Christus? Rette dich und uns! Der andre jedoch antwortete und sagte vorwurfsvoll zu ihm: Hast du denn auch gar keine Furcht vor Gott, da du doch dem gleichen Urteil verfallen bist? Und wir zwar gerechterweise, denn wir empfangen, was unsre Taten wert sind; dieser aber hat nichts Unrechtes getan. Und er sagte: Jesus, gedenke meiner, wenn du mit deiner Königsherrschaft kommst! Und er sprach zu ihm: Wahrlich, ich sage dir: Heute wirst du mit mir im Paradiese sein. Und es war schon ungefähr die sechste Stunde, da kam eine Finsternis über die ganze Erde bis zur neunten Stunde, indem die Sonne ihren Schein verlor; der Vorhang im Tempel aber riß mitten entzwei. Und Jesus rief mit lauter Stimme und sprach: Vater, in deine Hände befehle ich meinen Geist! Und als er dies gesagt hatte, verschied er. Als aber der Hauptmann sah, was geschehen war, pries er Gott und sprach: Dieser Mensch war wirklich ein Gerechter.»

Lukas 23,32,47

Vor der Kreuzigung war Jesus zusammengeschlagen und verhöhnt worden. Die immer wiederholten Angebote «Rette dich doch selbst!», «Wenn du anderen helfen konntest, warum dann nicht dir selber?» sind wie eine Art psychologischer Folter, wie sie heute an Gefangenen geübt wird, indem man ihnen sagt, ihre Kameraden hätten schon lange gestanden, sie sollten ihren zwecklosen Widerstand aufgeben. Aber Jesus *hilft sich nicht selber*, indem er seine Aussagen zurückzieht oder sich den Mächtigen unterwirft. Er bleibt ein selbstloser Revolutionär, der auch denen treu ist, die ihn zu Tode peinigen. Er bittet um Vergebung für sie, weil sie nicht wissen, was sie tun.

Früher habe ich die Kreuzigungsgeschichte oft wie ein furchtbares tragisches Ende eines großen idealistischen Menschen verstanden. Ich habe bemerkt, wie einsam Jesus geworden war, nachdem seine Freunde ihn wie Judas verraten, wie Petrus ver-

leugnet hatten; wie seine drei besten Freunde einfach einge-
schlafen waren, als er sie einmal wirklich brauchte. Er hatte zwar
Hunderte von Zuschauern, aber er wurde immer einsamer. So,
daß er sich zuletzt auch von Gott alleingelassen fühlte. «Mein
Gott, mein Gott, warum hast du mich verlassen?» betete er mit
den Worten eines alten Psalms. Dann schrie er und starb. So
erzählen es die ältesten Evangelisten.

Heute denke ich etwas anders, weil ich viel von den Märtyrern
unseres Jahrhunderts gelernt habe. Martin Luther King, Dietrich Bonhoeffer, Ita Ford, Oscar Romero, Maximilian Kolbe,
Steve Biko ... um nur einige zu nennen. Wenn ich von ihrem
Sterben lese, so finde ich Stücke von Leben darin, von weiterge-
hendem unzerstörbarem Leben. Ich sehe in diesen Toten und
ihrem Sterben etwas, das über das Scheitern hinausgeht, das
mehr ist, als der verzweifelte Ruf nach Gott. Gott ist da, auch im
Sterben. In der biblischen Geschichte sind solche Zeichen des
Lebens auch im Tode, auch unter der Folter: wenn Jesus für
seine Mörder bittet; wenn er dem einen Verbrecher, der sich bekehrt, das Leben verspricht und schließlich, wenn der Hauptmann, der nur als Beobachter dabei steht, plötzlich die Wahrheit
sieht.

Im Tod Jesu ist das Leben, der Weg, die Wahrheit nicht ausge-
löscht oder aufgegeben, als hätte das alles keinen Sinn mehr. So
reden wir nur, wenn wir nicht an den Weg, die Wahrheit und das
Leben glauben. Wenn glauben bedeutet, daß wir selbstlos lieben, so ist diese Liebe auch im Tode noch zu spüren. Und so wie
die alte Gemeinde sich zurief:

«Jesus lebt! Er ist auferstanden!» so rufen Menschen auch heute:
Steve Biko lebt! Oscar Romero lebt! Jesus von Nazareth lebt!
Die Liebe wird nicht sterben!

Gott: Es geht nichts verloren

Es fällt uns schwer, den Glauben an Gott in Worte zu fassen und euch mitzuteilen. Das hat viele Gründe. Einer davon ist, daß wir öffentlich sagen sollen, was uns persönlich sehr bewegt. Ein anderer ist, daß die Leichtfertigkeit, mit der viele Christen und Theologen über Gott reden, den Glauben an Gott eher zerstört als möglich macht. Dazu ein Beispiel: Wir haben einmal an der Beerdigung eines jungen Mannes teilgenommen. Er war an Krebs gestorben. Seine Mutter weinte und schrie am Grab und war wie von Sinnen. Der Pfarrer, der den Mann beerdigt hatte, sagte nachher kaltschnäuzig:
«Wer wirklich glaubt, der weint nicht. Diese Mutter müßte wissen, daß ihr Sohn bei Gott ist.»
Wir haben an dieser Szene gemerkt, daß das Wort Gott auch dazu dienen kann, die Schmerzen der Menschen zu verharmlosen und damit zu verachten.
Der wichtigste Grund dafür, daß wir nur schwer über Gott reden können, ist, daß wir nicht ohne Zweifel an ihn glauben können. Unter Glaubenszweifeln versteht man meistens die Mühe, die jemand hat, die Aussagen der Bibel mit dem eigenen Verstand und einem modernen Weltbild zu vereinen. Ist *Gott* nicht nur ein hilfloser Erklärungsversuch aus einer vorwissenschaftlichen Zeit, in der man für die meisten Erscheinungen der Natur noch keine Erklärung hatte?
Diese Art von Zweifel ist aber nicht das, was uns am meisten beschäftigt. Mehr als der aufgeklärte Verstand verunsichert uns die Frage: Wo war Gott in Auschwitz? Wo war er, als die Kinder in Vietnam im Napalm verbrannten? Wo ist er, wenn in Südamerika Menschen gefoltert werden? Wo bleibt er, wenn junge Menschen an Krebs sterben? Warum bleibt er stumm, wenn wir das Leben kaum noch aushalten?
In seinem Buch «Der Letzte der Gerechten» beschreibt der französische Schriftsteller André Schwarz-Bart ein Gespräch

zwischen dem jüdischen Bügler Goldfaden und dem Lehrjungen Benjamin. Goldfaden ist alt und müde vom Leben. Er soll entlassen werden, weil er das Bügeleisen kaum noch halten kann, und er gesteht Benjamin, daß er nicht mehr an Gott glaubt.

«Aber schauen Sie, lieber Herr Goldfaden», sagt Benjamin starr vor Schrecken. «Wenn es Gott nicht gäbe, was wären wir dann, Sie und ich?»
«Arme, kleine jüdische Arbeiter, nicht?»
«Das ist alles?»
«Leider», sagte der alte Bügler.
Auf einem Strohsack auf dem Fußboden liegend versucht Benjamin in der folgenden Nacht, sich alle Dinge so vorzustellen, wie Herr Goldfaden sie sah. Eines ergab das andere, und er gelangte zu dem bestürzenden Schluß, das Zemyock (sein Heimatdorf) nur ein lächerlich kleines Teilchen des Alls war, wenn es Gott nicht gab. Aber, so fragte er sich, wohin geht denn all das Leiden? Und, Herrn Goldfadens verzweifelten Ausdruck vor sich sehend, rief er mit einem Aufschluchzen, das die Dunkelheit der Werkstatt zerriß: *es geht verloren, oh, mein Gott, es geht verloren!*»

Das ist alles! An Gott kann man nicht glauben, und auf das Leben darf man nicht hoffen! Diese Aussage macht der alte Bügler nicht nach einem langen Nachdenken, sondern nach einem langen und gequälten Leben als armer und geschundener jüdischer Arbeiter. Der Einspruch gegen den Glauben an Gott kommt nicht in erster Linie von unserem aufgeklärten Verstand, sondern von den Demütigungen, die das Leben hinnehmen muß in der Erfahrung der Zerstörung, des Unrechts und des nur schwer erträglichen Alltags. Herr Goldfaden hat für seine Glaubenslosigkeit gute und handgreifliche Erfahrungen und Argumente: alles Unrecht, allen Mord und alle Sinnlosigkeit, die es gegeben hat und die es gibt. Ein einziger gefolterter Mensch widerlegt den Sinn der Welt. Das ist unser Glaubenszweifel. Unser Glaube an Gott hat einen Riß. So ist es, aber wir können uns nicht damit abfinden, daß das alles ist. Später, als der Lehrjunge Benjamin in sein Heimatdorf zurückkommt und die Frömmigkeit seiner jüdischen Bewohner wahrnimmt, sagt er: «Mein Gott, ist all dies ein Irrtum, so ziehe ich ihn den kleinen Wahrheiten der Ungläubigen vor.»

Zwei Antworten! Herr Goldfaden sagt: man kann nicht glauben. Man muß sich mit der Realität und der harten Wahrheit abfinden! So ist die Welt nun einmal! Und weiter ist nichts zu sagen!

Benjamin sagt: ich will mit meinem Glauben an Gott gegen diese nackte Wahrheit rebellieren. Gerade weil ich mich mit der Realität, wie sie ist, nicht abfinden will, weil ich mich mit ihr nicht aussöhnen will, darum *muß* ich an Gott glauben. Wenn ich meinen Glauben verliere, dann bin ich mit dem Tod einverstanden.

Bei all unseren Zweifeln und bei unserem Versuch, damit zu leben, haben wir gelernt: man muß zu sprechen versuchen. Man muß auch für die eine Sprache finden, über die eigentlich nichts anderes zu sagen ist, als daß sie kaputt, ermordet, geschunden und verachtet sind.

Man muß aufhören das zu verschweigen, worüber man nichts sagen kann!

In der Bibel und im Christentum haben wir eine Sprache gefunden, die mehr vom Leben verlangt, als es gibt. Die Blinden sehen. Die Lahmen gehen. Die Weinenden werden getröstet. Die Hungernden werden satt. Die Toten werden leben! Diese Sprache sprechen wir gern, weil sie uns daran erinnert, daß man sich mit Blindheit, Lähmung, den Tränen der Weinenden und dem Hunger der Habenichtse niemals abfinden darf. An Gott glauben, heißt, sich niemals abfinden mit dem zerstückelten Leben; es heißt auch, mit ihm eintreten wollen für das ganze Leben.

Wie sieht der Gott aus, an den wir zu glauben versuchen, und wo ist er zu finden? Die Antwort darauf können wir uns als Christen nicht einfach aus den Fingern saugen. Die Christen glauben, daß es ein verbindliches Bild Gottes gibt, nämlich die

Gestalt und das Leben des Jesus von Nazareth und die Geschichten und Gleichnisse, die dieser von Gott erzählt hat. An eines dieser Gleichnisse wollen wir erinnern:

«Wenn der Menschensohn als König erscheint,
wird er den Gerechten sagen:
Ich war hungrig, ihr habt mir Essen abgegeben,
ich war durstig, ihr habt mir zu trinken gebracht,
ich war ohne Bürgerrecht, ihr habt mich aufgenommen,
ich war nackt, ihr habt mir Kleidung vermacht,
ich war krank, ihr habt mich versorgt,
ich war in Haft, da habt ihr mich besucht. –

Denn ich sage euch:
Was ihr einem von meinen kleinsten Geschwistern getan habt,
das habt ihr mir getan.»   Matthäus 25,34–40

Die Geschichte handelt von einem Gericht, das über alle Menschen ergeht. Die entscheidende Frage des Richters wird sein, wie sie sich zu ihm, diesem Richtergott verhalten haben.

«Aber wie konnten wir uns überhaupt zu dir verhalten?» fragen die Menschen, die gerichtet werden. «Haben wir dich denn je gesehen? Wo konnten wir dich finden? Wie mit dir sprechen und deinen Willen erfahren? Wo bist du mit großem Heerstaat aufgetreten und hast uns deinen göttlichen Willen verkündet?»

Der Richter antwortet: «Mein Wille schrie dich an in der Bitte eines jeden Hungernden. Mein Befehl erreichte dich in der Klage eines jeden Gefangenen. Du brauchtest nicht lange zu suchen. Denn ich kam dir entgegen in der Gestalt der Zerlumpten, der Kranken, der Geschlagenen, der Fremden und Gastarbeiter, der Obdachlosen und Alkoholiker.»

Diese Geschichte über die Gestalt Gottes macht uns diesen Gott annehmbar, an den wir doch so viele Fragen haben. Er steht auf der Seite des Lebens und darum besonders auf der Seite derer, denen das Leben verweigert wird und die nicht zum wirklichen Leben kommen. Er steht nicht auf der Seite der Herren, der Mächtigen, der Reichen, der Glänzenden, der Siegreichen. Gott ergreift die Partei derer, die ihn brauchen. Er ergreift die Partei der Opfer.

Auferstehung: Geheimnis des Glaubens

Wir haben schon viel vom Tod gesprochen und wie Leute vierzig Jahre lang *tot* sein können, obwohl sie ordentlich verdienen, schick aussehen und sich nette Urlaubsreisen leisten können. Wir hoffen, daß es jetzt klar genug geworden ist, was die Bibel mit *tot* meint. Es klingt sehr hart, wenn man von einem Menschen, der einem lebendig gegenübersitzt, sagt, er sei *tot*. Die Bibel ist hart, radikal und realistisch und sieht diesen Tod, der überall gegenwärtig ist; aber sie ist niemals hoffnungslos oder zynisch. Unter *zynisch* verstehen wir einen Menschen, der für andere hoffnungslos ist und für sich selber meint, er brauchte keine Hoffnung, es sei sowieso egal. Die Bibel ist nicht zynisch, wenn sie den Tod im Leben beschreibt. Jesus nennt die Schriftgelehrten einmal «Ihr übertünchten Gräber!».

> «Wehe euch, ihr Schriftgelehrten und Pharisäer, ihr Heuchler, daß ihr geweißten Gräbern gleich seid, die auswendig schön scheinen, inwendig aber voll von Totengebeinen und allem Unrat sind.»
>
> Matthäus 23,27

So kann man nur reden, wenn man an Auferstehung glaubt. Wenn man weiß: Menschen können aus dem Totsein herauskommen! Sie können wieder anfangen zu leben, nein nicht: wieder, sondern überhaupt.
Ich hörte von einem schwarzen Christen in Johannesburg, Süd-

afrika. Joe Mavi war ein städtischer Arbeiter, Busfahrer. Er war durchdrungen von der Wahrheit, daß alle, auch die Schwarzen Kinder Gottes sind, deren Würde von der weißen rassistischen Minderheitsregierung mit Füßen getreten wird. Er hat für Gerechtigkeit gekämpft, die städtischen Arbeiter organisiert und wurde von ihnen zum Vorsitzenden ihrer Gewerkschaft gewählt. Er hat den größten Streik von zehntausend städtischen Arbeitern angeführt. Er erzählte, wie er für gerechte Entlohnung, gegen ungerechte Entlassungen gekämpft hat, wie er versucht hat, durch Verhandlungen zum Ziel zu kommen.

Fünfmal wurde er verhaftet, in Einzelhaft gehalten ohne Gerichtsurteil. Bei einer Folterung verlor er das Gehör. Er wurde ständig von der Polizei verfolgt und konnte schon lange nicht mehr bei seiner Familie wohnen. Als Freunde von mir ihn fragten, wie er überhaupt leben könne, sagte er:

«Es ist nicht wichtig, ob ich lebe oder sterbe. Sterben ist keine Sünde. Wichtig ist, daß ich jetzt das tue, was nötig und mir möglich ist.»

Joe Mavi ist am 8. Juni 1982 bei einem «Autounfall» ums Leben gekommen. Joe Mavi hat als Christ gelebt, für Gott gekämpft und den Tod überwunden. Der Trauergottesdienst in der überfüllten großen katholischen Kirche Regina Mundi in Soweto war eine Glaubensbekundung, in der die Hoffnung und die Bereitschaft vieler Menschen erstarkte, solidarisch für das Evangelium des Friedens weiterzukämpfen.

Kann man sagen, daß Joe Mavi *tot* ist? Das kann jemand vom statistischen Amt sagen, aber wir brauchen wirklich eine andere, eine menschliche Sprache. Joe Mavi ist bei denen in Soweto, die seinen Kampf fortführen. Er ist auch bei uns, wo immer wir uns auf die Seite der Armen stellen und den großen Streit um die Gerechtigkeit mitmachen. Joe Mavi ist nicht tot.

Die Menschen, die mit Jesus zusammen gelebt haben, waren in einer ähnlichen Situation wie die Schwarzen in Südafrika heute. Sie hatten ihre Hoffnung auf jemanden gesetzt, der zum Tode verurteilt wurde. War damit alles aus?

Es gibt viele verschiedene Geschichten von der Auferstehung Jesu. Die Ostergeschichten der Bibel erzählen von enttäuschten, hoffnungslos gewordenen Menschen. Das Grab Jesu ist der Platz, an den sie sich noch erinnern und wo sie wenigstens weinen können. Aber ein junger Mann steht an der Grabkammer und fragt die trauernden Frauen:

Was sucht ihr den Lebendigen bei den Toten? Es gibt einige andere geheimnisvolle Geschichten darüber, wie die Freunde Jesu den, den sie für tot halten, wiedertreffen. Eine Geschichte handelt von Maria aus Magdala, die morgens früh zum Grab geht. Sie beugt sich hinein, sieht dort zwei Gestalten in weißen Kleidern sitzen, aber Jesus, den sie sucht, findet sie nicht. Schließlich sieht sie einen Mann, den sie für den Gärtner hält.

Hast Du meinen Toten weggetragen? fragt sie die Gestalt und erst als er ihr antwortet, merkt sie, daß es Jesus ist.

Eine andere Geschichte handelt von zwei Jüngern, die nach Emmaus wandern. Unterwegs treffen sie einen Fremden, der ihre Traurigkeit spürt und mit ihnen über die Lebenshoffnung, die Jesus für ihn bedeutete, spricht. Erst als sie angekommen sind und mit dem Fremden ihr Brot teilen, erkennen sie plötzlich, wer da mit ihnen gewandert ist: es ist der auferstandene Jesus in einer anderen Gestalt.

Eine dritte Geschichte steht im Johannesevangelium. Einige Jünger Jesu sind nach dem Tod am Kreuz wieder nach Hause gegangen an ihren See, wo sie vorher als Fischer lebten. Sie retten sich wieder in das alte bescheidene Leben, nachdem der Versuch der großen Unbescheidenheit fehlgeschlagen ist. Eines Morgens fischen sie, als ein Fremder ans Ufer kommt. Sie kennen ihn nicht. Erst als sie anfangen, Brot und Fisch mit ihm zu teilen, merken sie plötzlich, daß es Jesus ist.

Man kann sich fragen: warum kommt der auferstandene Jesus in so verschiedenen Gestalten: als Gärtner, als schriftkundiger Wanderer, als Fremder zu den Fischern? Sicher kam er nicht mit einem großen Lichtkranz und Heiligenschein, der für alle sofort klarmachte: das ist der Jesus aus Nazareth. Er kam versteckt. Er kam inkognito. Er kam, um seine traurigen Freunde zu trösten – aber irgend etwas mußten sie auch dazutun, ihn anreden, mit ihm wandern, mit ihm essen. Erst dann konnten sie plötzlich sehen: er war ja da. Er war ja gar nicht totzukriegen. Dieses wirkliche Leben, von dem er immer geredet hatte, es war in diesem Moment da. Sie konnten es ja miteinander weiterführen. Sie brauchten ja gar nicht mehr ängstlich und zitternd auf ihre Verhaftung zu warten. Er lebte – und das hieß für sie, wir leben auch.

Auferstehung ist das Geheimnis des Glaubens. Unter Geheimnis verstehen wir nicht eine Detektivgeschichte, die, wenn man sie heraushat, kein Geheimnis mehr ist. Dieses Geheimnis ist etwas, das immer ein Geheimnis bleibt, das wir nie ganz fest in die Hand kriegen. Auferstehung heißt, Jesus kommt in ganz verschiedenen Gestalten zu Menschen: als Bettler, als Gärtner, als Kind, das weint, als alte Frau, als du ...

Wir können es gar nicht voraussagen. Aber viele Tausende von Christen haben es erfahren und erlebt. Ihr Leben, das wie tot aussah, geht weiter. Sie wissen durch einen anderen Menschen ganz genau, daß das mit dem Jesus nicht so leicht totzuschlagen ist. Sie erfahren, daß sie hoffen können. Aus diesem Gefühl: Es geht nichts, wir können sowieso nichts machen, kann man herauskommen, miteinander. Diese Erfahrung mit dem Jesus, der aufersteht und in unser Leben kommt, feiern wir als Christen in der Kommunion oder dem Abendmahl. Wir essen zusammen und trinken zusammen, um uns an das Geheimnis des Glaubens erinnern zu lassen: der Tod hat nicht das letzte Wort. Wir sind im Glauben an Christus mit der großen Hoffnung und der Kraft des Lebens vereint.

Frieden: Gott rüstet einseitig ab

Das größte Unheil, das in den letzten Jahren geschieht, ist die neue Aufrüstung und Kriegsvorbereitung. Die NATO-Führer haben am 12. Dezember 1979 beschlossen, dem amerikanischen Druck nachzugeben und neue Atomwaffen in Europa zu lagern, vor allem in der Bundesrepublik. In unserem Land liegen schon jetzt im Verhältnis zur Bevölkerungszahl und Bodenfläche die meisten Atomwaffen in der ganzen Welt. Und nun sollen 1984 noch mehr und bessere, mit denen man den europäischen Teil der Sowjetunion in etwa fünf Minuten, also ohne Vorwarnzeit, erledigen kann, dazukommen. Vor dieser Entscheidung, die auf amerikanischen Druck hin erfolgt ist, gab es ein ungefähres Gleichgewicht zwischen den beiden Supermächten.

Die amerikanische Regierung will aber mehr als das ungefähre Gleichgewicht, sie will eine deutliche Überlegenheit. Auch wenn sie vorgibt, damit den Frieden «sicher» zu machen, so fragen sich die Menschen in Europa, wieso sie sicherer sind, wenn sie jeden Russen nicht nur neunmal sondern elfmal umbringen können. Und wer eigentlich von dieser Sicherheit etwas hat.

Seit diesem Ereignis gibt es in ganz Europa eine neue große Bewegung für den Frieden. Die Menschen haben einfach Angst, daß sich wiederholt, was in der Geschichte schon tausendmal so gegangen ist: Rüstung führt zu Krieg. In Europa haben wir das in diesem Jahrhundert zweimal erlebt. Beide Male waren wir Deutschen führend beteiligt: Am Aufrüsten, an der Waffenherstellung, am Militarismus, am Überfall auf andere Länder und schließlich an der Niederlage. Aufrüstung führt zu Krieg: wozu sonst sollen all die herrlichen treffgenauen Waffen produziert werden, wenn man sie nicht brauchen kann?

Der Widerstand gegen diese neue Hochrüstung wird in Ost und West auch von den Christen getragen. Damit meinen wir nicht nur ein paar Friedensmahnungen, wie sie vom Papst oder

GSCHAREN

DIE BOMBE
UND-ODER
GOTT ?!
KEHRT UM
UND GLAUBT

der Evangelischen Kirche in Deutschland zu hören sind. Es reicht wirklich nicht, den Atomkrieg zu verdammen, wenn man über seine Ursachen, die atomare Aufrüstung, nichts sagt. Es reicht auch nicht, allgemein gegen *die Aufrüstung* zu sein, wenn man nicht klarmacht, wer sie vorantreibt: der Westen, und wer nachzieht: der Osten.

Viele Kirchen haben sich unterdessen eindeutig gegen den Besitz, das Testen und die Lagerung von Atomwaffen ausgesprochen. Die evangelische Kirche in Deutschland und die katholische Bischofskonferenz gehören nicht dazu. Sie ließen es bei allgemeinen Reden («Wir sind für den Frieden») bewenden. Die holländischen Kirchen, die Mehrzahl der amerikanischen katholischen Bischöfe, die reformierte Kirche in Deutschland und viele einzelne Gemeinden und Christen in der ganzen Welt sind da konsequenter. Sie meinen, atomare Aufrüstung sei Sünde in einem dreifachen Sinn des Wortes. Zuerst gegen den Schöpfer. Gott hat die Welt nicht dazu gemacht, daß wir sie kaputtmachen. Auch nicht probeweise oder für den «Ernstfall». Er hat uns Intelligenz und Erfindungsgabe nicht dazu gegeben, für den Massenmord zu arbeiten. Auch unser Geld und unsere Bodenschätze und Energien sind nicht dazu da, diese Erde zu zerstören. Wenn wir alle Pläne der amerikanischen Militärs ausführen, so müssen wir unser Land, unsere wenigen Erholungsgebiete zerstören, den Wald vernichten und den Wasserhaushalt durcheinanderbringen, bloß um Giftgas und Bomben hier zu stationieren. Schon jetzt, nicht erst später, machen wir mit diesem Wahnsinn die Schöpfung kaputt.

Die Kriegsvorbereitung ist zweitens eine Sünde gegen Jesus, der in der alten Sprache *der Erlöser* genannt wird. Erlöst hat er uns nämlich von dem Unfrieden, der in uns ist, dem Tötungswunsch. Wenn wir aufrüsten, sind wir Kain. Wer also immer noch weiter am liebsten Kain spielt und andere Völker bedroht, wer immer noch nicht begriffen hat, daß uns in den Hungernden Christus begegnet, für den hat Jesus umsonst gelebt. Wir können die Armen nicht mit Bomben füttern, wir brauchen

Brot für die Welt. Die Aufrüster mögen sich Christen nennen, aber in Wirklichkeit arbeiten sie *gegen* Jesus, wenn sie eine Aufrüstungspolitik vertreten.

Die Kriegsvorbereitung ist drittens eine Sünde gegen den Geist. Mit dem *heiligen* Geist ist der angstaustreibende Geist, der Mut macht, gemeint. Jesus hat den Jüngern *den Geist* versprochen, als er sie verlassen mußte. Er fuhr zum Himmel, schickte seinen Freunden aber den Geist. Die wichtigsten Eigenschaften dieses Heiligen Geistes sind, daß er Wahrheit verbreitet und Mut macht. Was heißt da Wahrheit? Christen müssen nicht Superexperten sein, um zu begreifen, was Hunger ist und was Aufrüstung für die Verhungernden bedeutet. Jede einfache Frau auf der Straße, selbst wenn sie nur die BILD-Zeitung liest, kann das begreifen: Milliarden für die Rüstung und so gut wie nichts für die Hungernden! Wenn diese Frau allerdings sagt: So war es immer, man kann nichts daran tun, dann ist der Geist, der Wahrheit und Mut mitbringt, nicht bei ihr. Mutlosigkeit und das Reden von *uns kleinen Leuten, die doch nichts machen können*, sind gerade Zeichen der Geistlosigkeit.

Widerstand gegen die Aufrüster, die uns beherrschen, kommt heute von vielen Christen. Viele begreifen, wie auch unser eigenes Leben zunehmend eingeschnürt wird und verkümmert. Am klarsten sehen wir das bei denen, die nicht mehr im Leben mithalten können: Alte, Behinderte, Ausländer, Obdachlose. Wenn weniger Pfleger für alte Menschen da sind, dann bedeutet das auch, daß die Pfleger nur noch mit technischen Sachen – Füttern, Bett wechseln, Saubermachen – beschäftigt sind und keine Zeit haben zu einem Schwatz oder einer Gefälligkeit. Wir könnten sehr viel mehr Menschen mit Arbeit im sozialen Bereich beschäftigen, viel mehr Pfleger, Schwestern, Lehrer, Sozialarbeiter gebrauchen. Arbeit ist genug da, wenn einem Volk aber die Rüstung das wichtigste ist, dann bleiben die anderen Arbeiten, die viel mehr Arbeitsplätze schaffen, liegen.

Aus diesen Gründen ist jetzt für uns der Kampf um den Frieden am wichtigsten: alle müssen es erfahren, was durch die neuen Atombomben in unserem Land geschieht, wen sie beschädigen und wer etwas davon hat. An dieser Arbeit der Aufklärung kann sich jeder, groß und klein, beteiligen. Ich kenne zwei Jungen, die sich vorgenommen hatten, Unterschriften zu sammeln für den *Krefelder Appell*, in dem gefordert wird, daß wir uns von dem Aufrüstungsbeschluß zurückziehen. Diese Jungen wollten ihre Oma und eine alte Tante in ihrem Dorf davon überzeugen, daß sie den Krefelder Appell unterschrieben. Sie dachten ziemlich genau über ihr Vorhaben nach und fanden heraus, daß lange Haare, ausgefranste Jeans und ganz laute Musik sicher keinen guten Eindruck machten. Für den Frieden, erzählten sie mir grinsend, können wir schon mal zum Friseur gehen und Sonntagsklamotten anziehen. Sie bereiteten sich auch geistig auf das Gespräch vor und versuchten, alles so genau wie möglich zu erklären, damit die Oma und die Tante sich nicht wieder überreden lassen konnten von denen, die zwar auch das Wort Frieden im Munde führen, damit aber mehr Raketen, mehr Militär, mehr Startbahnen meinen. Das ist eine kleine Geschichte, wie heute Schwerter zu Pflugscharen umgeschmiedet werden.

> «Geschehen wird's in kommenden Tagen: —
> Da spricht er selbst den Nationen das Recht,
> ist er der Schiedsrichter für viele Völker.
> Aus ihren Waffen werden sie Pflüge machen
> und Weinberggerät aus ihrem Mordwerkzeug.
> Kein Volk wird mehr das andere bekriegen,
> Ausbildung für Soldaten gibt es nicht mehr.»
>
> Jesaja 2, 2 + 4

> «... und sie werden ihre Schwerter zu Pflugscharen
> schmieden und ihre Spieße zu Rebmessern. Kein Volk
> wird wider das andre das Schwert erheben, und sie werden
> den Krieg nicht mehr lernen.»
>
> Micha 4, 3

Immer mehr Menschen «werden den Krieg nicht mehr lernen», denn sie weigern sich, Kriegführung zu lernen, sie verweigern den Wehrdienst.

In den Vereinigten Staaten gibt es eine Gruppe, die sich *Pflugschar-Acht-Leute* nennt. Zu ihnen gehören acht Leute: ein Jesuitenpriester, Daniel Berrigan, sein Bruder Philip, der auch lange katholischer Priester war, eine Hausfrau, die Mutter von fünf Kindern ist, ein Rechtsanwalt und andere. Viele von diesen Leuten haben schon während des amerikanischen Krieges gegen Vietnam im Widerstand gearbeitet. Sie haben zum Beispiel die Wehrpässe der eingezogenen Soldaten mit Napalm, dem Giftgemisch, das die Amerikaner in Vietnam gegen die Zivilbevölkerung einsetzte, angezündet, oder sie haben die Akten der Wehrkreisersatzämter mit Blut überschüttet. Sie folgen der Lehre Christi und den Theorien, die Mahatma Gandhi entwickelt hat zum gewaltfreien Widerstand. Gewaltfrei verstehen sie im strikten Sinn: alles, was andere Menschen verletzt oder beschädigt, ist für sie unmöglich. Das bedeutet aber nicht, daß sie alle Gesetze respektieren und das Eigentum für heilig halten. Ein Schild vor einem Waffenlager, auf dem steht *Betreten verboten*, ist für sie nicht bindend. Daniel Berrigan sagt: «Keine Waffe ist jemals unbenützt verrostet oder verrottet. Keine Waffe, einmal geschaffen, hat es verfehlt, die Waffen zu verdoppeln und zu verbessern. Kein Waffensystem seit der Erfindung des Schießpulvers hat es verfehlt, im Krieg eingesetzt zu werden. Kein Krieg, einmal erzeugt, hat zum Frieden geführt.» (Publik Forum, 17. April 1981)

Am 9. September 1980 haben diese acht Männer und Frauen eine Niederlassung der General Electric in einem kleinen Ort in Pennsylvania, USA, betreten. Der Ort heißt übrigens King of Prussia! In dieser Fabrik werden Nuklearraketen zusammengebaut. Während eine Frau den Pförtner in ein Gespräch über den Sinn von solchen Mordwerkzeugen verwickelte, drangen die anderen rasch in die Anlage ein und zerstörten mit Hämmern zwei von den atomaren Sprengköpfen (Mark 12-A). Sie schütteten menschliches Blut, ihr eigenes, auf geheime Konstruktionspläne. In ihrer Erklärung dieser Tat «zivilen Ungehorsams» erklären sie, wie General Electric täglich mit 3000 Dollar Steuergeldern unterstützt wird.

«... ein ungeheurer Diebstahl an den Armen. Mit diesen Raketen steigt die Bedrohung durch einen Erstschlag-Atomkrieg immer mehr. In diesem Sinn arbeitet General Electric an der möglichen Vernichtung von Millionen von unschuldigen Leben.

Wir haben uns entschieden, Gottes Gesetz des Lebens zu gehorchen und nicht einer Geschäftsvorladung zum Tod. Wenn wir heute die Schwerter zu Pflugscharen umschmieden, so versuchen wir, den biblischen Aufruf konkret zu machen.»

Die Pflugschar-Acht-Leute sind inzwischen zu Gefängnis zwischen drei und zehn Jahren verurteilt worden. Aber ihr Beispiel zündet und hat viel dazu beigetragen, daß jetzt, seit dem Frühjahr 1982 auch in den USA eine Friedensbewegung entstanden ist.

Ungehorsam gegen die Gesetze verstehen sie als Gehorsam gegen Gott. Zerstörung von Mordinstrumenten halten sie für eine gerechte Tat.

Es gibt viele Formen dieses gewaltfreien Widerstandes gegen die Gewaltherrschaft des Militärs: Man kann eine Straße oder einen Schienenweg, auf dem Gift oder atomare Waffen transportiert werden sollen, blockieren; man kann militärische Anlagen besetzen und mit den Soldaten über das, was sie wirklich tun, diskutieren. In Hannover haben sich junge Leute vor die Eingänge der Waffenausstellung gelegt.

«Wer über uns geht, geht auch über Leichen», teilten sie den internationalen Waffenhändlern mit. In Washington haben Widerstandskämpfer im Pentagon Blut auf die schönen weißen Marmorsäulen gegossen. Eine solche gewaltfreie Aktion, bei der niemand zu Schaden kommt, nennt man eine *symbolische Aktion*. Sie stammt aus der Tradition von Mahatma Gandhi, der sein Land Indien von den englischen Kolonialherren befreit

hat. Als Daniel Berrigan gefragt wurde, warum sie solche Symbole verwenden, sagte er:

«Beim Pentagon haben wir es mit Behinderten zu tun, mit geistig Behinderten. Wir verhandeln mit einer irrationalen Macht. Darum verwenden wir nicht nur rationale Kommunikationsmittel wie Flugblätter, Gespräche, sondern a-rationale, nämlich Symbole. Symbole sollen den Tod konkretisieren. Die Generäle bekommen nie die andere Seite ihrer Entscheidungen zu Gesicht. Es besteht eine tiefe Kluft zwischen Entscheidung und Folge. Es ist gräßlich, Menschenblut auf den unbefleckten Gängen des Pentagon zu sehen. Es gibt nichts Fürchterliches für die Leute, die in diesen riesigen griechischen Tempel berufen worden sind. Plötzlich liegt die Wahrheit unserer Lage in der Luft und unter unseren Füßen, und diese ist schrecklich.

Für uns – denn die meisten von uns sind Christen – ist das eine Erweiterung unseres gewöhnlichen Gottesdienstes. Unsere Tradition ist uns heilig. Sie ist voller Symbole: Menschenblut, Asche, Wasser, Öl.

Wir sehen das so: Wir nehmen den Leib und das Blut vom Altar und bringen sie zum Pentagon. In gleicher Weise wurde Christus vom Abendmahl nach Golgatha gebracht, an einem einzigen Tag.»

Es gibt auch Formen des passiven Widerstands, der von Christen gegen den Militarismus geleistet wird. Der katholische Erzbischof Raymond Hunthausen in Seattle, USA, weigert sich, fünfzig Prozent seiner Steuern zu bezahlen, weil dieses Geld Blutgeld ist, das zur Vorbereitung des Krieges verwandt wird. Er ist bereit, für diese Tat einzustehen und ins Gefängnis zu gehen. Einer der Väter dieser Widerstandsbewegung war der Amerikaner Henry Thoreau, der im vorigen Jahrhundert gegen Sklaverei und den Eroberungskrieg gegen Mexiko kämpfte. Er sagte: «Unter einer Regierung, die irgend jemanden unrechtmäßig einsperrt, ist das Gefängnis der angemessene Platz für einen gerechten Menschen ... es ist das einzige Haus in einem Sklavenstaat, das ein freier Mensch in Ehren bewohnen kann.»

Eine christliche Gruppe in Washington, die in einem Slum lebt und mit den Ärmsten zusammenarbeitet, vergleicht unser Leben heute mit den Zeiten der Sklaverei im vorigen Jahrhundert. Die Atomrüstung, sagen sie, ist wie Sklaverei. Es ist Unrecht, Unterdrückung, Ausbeutung. Es ist ein Verbrechen an den Armen. Wer dieses Verbrechen duldet, macht sich mitschuldig.

Im vorigen Jahrhundert sagten viele: Sklaven hat es immer gegeben. Es ist wirtschaftlich notwendig. Wir können daran nichts ändern.

Heute sagen viele: Kriege hat es immer gegeben. Die Aufrüstung ist politisch notwendig. Wir können nichts daran ändern.

Aber so wie damals die Sklaverei abgeschafft worden ist, weil immer mehr Menschen, darunter viele Christen, es unerträglich fanden, in einem Sklavenstaat zu leben, so finden heute auch immer mehr Menschen es unerträglich, in einem Atomstaat zu leben.

Gott hat einseitig abgerüstet. Er hat die Partei der Armen einseitig ergriffen. Er hat in Jesus eine andere Art miteinander zu leben vorgemacht. Gewaltfrei und ohne Druck auf den anderen. Wir können nicht von Gottes Liebe sprechen, solange wir aufrüsten. Wir können Gottes Gerechtigkeit nicht suchen, wenn wir uns am größten Verbrechen der Menschheit beteiligen. Und wir können selber nicht Menschen werden, solange wir alles mit uns machen lassen.

Fotonachweis

Ulrich Baatz, Szene während eines internationalen Soldatengottesdienst; S. 6/7

Hans Walter Klein, Friedensdemonstration der «Initiative der Kirche von unten», Düsseldorf 1982; S. 14/15

Hartmut Reeh, Katholische Jugend organisiert Friedenscamp, Düsseldorf 1982; S. 26/27

Erika Sulzer-Kleinemeier, Kirchenbesetzung durch AKW-Gegner; S. 36

alphapress, Demonstrant, San Francisco; S. 39

Pontis Photo, Herr und Knecht. In Rhodesien, dem heutigen Zimbabwe; S. 49

Rolf Kunitsch, Gastarbeiterunterkunft; S. 55

Action Press, Oscar Romero; S. 61

argus Fotoagentur, Demonstration; S. 71

Manfred Vollmer, Schweigen für den Frieden; S. 92

Karl Breyer, Steve Biko; S. 95

Hans Walter Klein, Friedensdemonstration der «Initiative der Kirche von unten», Düsseldorf 1982; S. 108/109

Rudolf Dietrich München, Demonstration gegen Wehrpflicht für Frauen; S. 115

Hartmut Reeh, Alternatives Friedensfest der «Initiative der Kirche von unten», Düsseldorf 1982; S. 118/119

Leben leben

Geschichten, Gedichte, Wut und Hoffnung – Bücher über Themen, die uns alle angehen.

Christa Hömmen
Mal sehen, ob ihr mich vermißt
Menschen in Lebensgefahr
(rotfuchs 547 / ab 13 Jahre)
Marlene, 16, Liebeskummer, Pulsaderschnitt. Was tut mehr weh? Der Schnitt? Das Leben vorher? Wie kann man den Suizidversuch verstehen? Was kann man tun? Wo gibt es professionelle Hilfe, und was wird dort gemacht?

Frieden: Mehr als ein Wort *Gedichte und Geschichten*
Herausgegeben von Hildegard Wohlgemuth
(rotfuchs 287)

Othmar Franz Lang
Wenn du verstummst, werde ich sprechen *Ein Jugendroman über amnesty international*
(rotfuchs 206 / ab 13 Jahre)

Horst Stasius
Menschenrechte – Gesetze ohne Gewähr
(rotfuchs 469 / ab 12 Jahre)
«Kinder haben das Recht auf...» – und trotzdem werden sie vernachlässigt, ausgenutzt, gedemütigt, mißhandelt und verfolgt. Hinter jeder Verletzung der Menschenrechte steht das Leiden eines Menschen. Was können wir tun?

D. Sölle / F. Steffensky
Nicht nur Ja und Amen *Von Christen im Widerstand*
(rotfuchs 324 / ab 14 Jahre)
Geschichten über Gerechtigkeit und Gnade; Gebete, Schöpfung, Glauben; Freiheit und Ewiges Leben.

Nina Rauprich
Leben wie andere auch *Ich wohne im Friedensdorf*
(rotfuchs 492 / ab 13 Jahre)
Als Dreijährige kam Mai-Em mit anderen im Vietnamkrieg schwer verletzten Kindern in die Bundesrepublik. Das Friedensdorf Oberhausen wurde ihr neues Zuhause.

Geschichten der Weltliteratur
Herausgegeben von Ute Eltner und Uwe Wandrey
Hundert Jahre Liebe
(rotfuchs 449)
Hundert Jahre Helden
(rotfuchs 511)
Ute Eltner (Hg.)
Hundert Jahre Glück
(rotfuchs 526)

Tagtäglich Gedichte
Herausgegeben von Joachim Fuhrmann
(rotfuchs 135 / ab 12 Jahre)
Achtzig Lyriker schreiben über ihre und unsere Gegenwart und Zukunft, Probleme und Freuden, Ängste und Visionen – eine Gedichtsammlung für Jugendliche.

Klartext

Geschichten von hier und heute.

Wolfgang Kirchner
«Denken heißt zum Teufel beten»
Roman über eine Jugendsekte
(rotfuchs 631 / ab 14 Jahre)
Heidrun ist in den Bann einer Sekte geraten, die ihre Anhänger abhängig macht und ausbeutet. Schafft sie den Absprung in die Realität?

Anatol Feid
Im Namen des Volkes *Das Urteil steht noch aus. Jugendliche vor Gericht
Eine Geschichte*
(rotfuchs 541 / ab 14 Jahre)

Irene Rodrian
Blöd, wenn der Typ draufgeht
(rotfuchs 113 / ab 12 Jahre)
Küß mich, Knacki!
(rotfuchs 450 / ab 14 Jahre)

Ann Ladiges
"Hau ab, du Flasche!"
(rotfuchs 178 / ab 12 Jahre)
Am Morgen mit dem anfangen, mit dem man am Abend aufgehört hat - diese Regel hört Roland schon als Kind. Und er beherzigt sie allzu gut ...

Frauke Kühn
Du brauchst mich doch! *Geschichte einer Abhängigkeit*
(rotfuchs 574 / ab 14 Jahre)

Hanni Schaaf
Plötzlich war es geschehen
Jugendroman
(rotfuchs 262 / ab 12 Jahre)

Heidi Glade-Hassenmüller
Gute Nacht, Zuckerpüppchen
Gewaltsame Liebe
(rotfuchs 614 / ab 14 Jahre
August 1992)

Marie-Thérèse Schins
Hallo, Charlie! Tag, Miakind!
Jugendroman
(rotfuchs 584 / ab 13 Jahre)
Für ihre neuen Klassenkameraden ist und bleibt Mia eine Landpomeranze. Da sucht sie sich andere Freunde.
Es geschah an einem Sonntag
Ein Abschied
(rotfuchs 523 / ab 12 Jahre)
Mieke kann Mutter und Vater nicht trösten, sie kann noch nicht einmal sprechen. Ihr ganzer Körper schmerzt. Alles in ihr schreit. Marcel, ihr geliebter Bruder, ist tot...

Margret Steenfatt
Nele *Ein Mädchen ist nicht zu gebrauchen*
(rotfuchs 437 / ab 13 Jahre)
«Wenn zwei sich umarmen und küssen, lieben sie sich.» Wolfgang, der Freund ihres Stiefvaters, sucht gezielt die Freundschaft von Nele. Und mißbraucht sie schließlich. Mit einer Adressenliste der Selbsthilfegruppen von Betroffenen.

Isolde Heyne
Funny Fanny *oder Die Angst vorm Schwarzen Mann*
(rotfuchs 499 / ab 12 Jahre)

rororo rotfuchs

Kalte Heimat

«Jeder ist ein Ausländer – fast überall.» *(Graffiti)*

Anatol Feid
Achmed M. im Bahnhofsviertel
(rotfuchs 532 / ab 12 Jahre)
Die wahre Geschichte von Achmed M., 12 Jahre, und seinem älteren Bruder, die illegal von Marokko in eine deutsche Großstadt auswandern.

Ruth Herrmann
Wir sind doch nicht vom Mond!
Klein-Istanbul an der Elbe
(rotfuchs 47 / ab 9 Jahre)

Heinz Knappe
Wolfslämmer *Hava und Jörg dürfen nicht Freunde sein*
(rotfuchs 442 / ab 14 Jahre)

Antonio Skármeta
Nixpassiert *Erzählung*
(rotfuchs 263 / ab 12 Jahre)
Die Geschichte von einem chilenischen Jungen, der nach dem Militärputsch gegen Allende mit seinen Eltern nach Berlin auswandert.

Monika Springer
Fremd wie der Fisch dem Vogel?
Deutsche und türkische Jugendliche fahren in die Türkei
Erzählung
(rotfuchs 578 / ab 13 Jahre)
Deutsche und türkische Schüler brechen zu einer Klassenfahrt in die Türkei auf. Wie sind die Erwartungen, wie reagieren die jungen Deutschen auf das fremde Land, wie die türkischen Jugendlichen auf die Heimat der Eltern? Werden die beiden Gruppen, die zu Hause kaum Kontakt haben, miteinander auskommen?

Dieter Schenk
Der Wind ist des Teufels Niesen
Geschichte eines jungen Zigeuners
(rotfuchs 463 / ab 14 Jahre)
Sarambla und ihre Brüder Merzeli und Stagolo werden wieder einmal aus einem Kaufhaus geworfen. Astrid hat alles beobachtet – und freundet sich mit ihnen an. Sie lernt, daß die Sinti auch heute Angst haben, daß aus dem Wind ein Orkan wird ...

-ky
Heißt du wirklich Hasan Schmidt?
Ein Krimi
(rotfuchs 360 / ab 13 Jahre)
Matthias braucht dringend Geld, aber der Job, der ihm aus der Klemme helfen soll, ist nicht so harmlos, wie er zunächst gedacht hat. Die Polizei ist hinter ihm her, Türken verstecken ihn. Und auf einmal begreift er, was es bedeutet, wie seine Freundin Shirin und ihre Familie auf der «anderen Seite» zu leben, nicht mehr Matthias, sondern Hasan Schmidt zu heißen ...

rororo rotfuchs

Leben in fremden Ländern

Hoffnungen, Solidarität, Selbstbewußtsein und Widerstand von Kindern, Jugendlichen und Erwachsenen in aller Welt, die anfangen, Unrecht nicht mehr Schicksal zu nennen.

Jorge Amado
Herren des Strandes
(rotfuchs 68 / ab 13 Jahre)
Der letzte, in sich abgeschlossene Band des Romanzyklus von Bahia: das Leben der Straßenkinder, die Zeitungen verkaufen, für kleine Trinkgelder große Dienste leisten, Kartenspielen wie die Alten – und sich ohne Eltern durchs Leben schlagen müssen.

Frederik Hetmann
Wiedersehen mit Amerika
Kreuz und quer durch die USA. Ein Reisebericht
(rotfuchs 592 / ab 14 Jahre)

Reinhardt Jung
Kleine Hände – Kleine Fäuste
Der Kampf der Kinder in Lateinamerika
(rotfuchs 412 / ab 14 Jahre)

Hans-M. Große-Oetringhaus
Wenn Leila Wasser holt *Kinder in der Dritten Welt*
(rotfuchs 363 / ab 13 Jahre)
Unter den Füßen die Glut *Kinder auf den Philippinen*
Ein terre des hommes-Buch
(rotfuchs 458 / ab 12 Jahre)
Liens großer Traum *Ein Vietnam-Lesebuch*
(rotfuchs 583 / ab 12 Jahre)

Anatol Feid
Keine Angst, Maria *Eine wahre Geschichte aus Santiago de Chile*
(rotfuchs 452 / ab 11 Jahre)

Rupert Neudeck
Verjagt und vernichtet *Kurden kämpfen um ihr Leben*
(rotfuchs 653 / ab 14 Jahre / Mai 1992)
Zeitgeschichte mitreißend geschrieben von einem Journalisten, der immer auf der Seite der Schwachen kämpft.

Robert Thayenthal
Die Schuhe der Señores *Eine Geschichte aus Peru*
(rotfuchs 634 / ab 12 Jahre)
Der achtjährige Mateo lebt nach dem Tod seiner Mutter mit Vater und Geschwistern im Armenviertel von Lima. Dort herrschen Hunger, Gewalt und die Gesetze der Bandenchefs. Mateo schlägt sich als Schuhputzer durch, damit die Familie nicht verhungert.

Rote Erde Schwarzer Zorn
Lesebuch für ein anderes Südafrika
Hg. von Horst Heidtmann und Christoph Plate
(rotfuchs 528 / ab 14 Jahre)
Romanauszüge, Gedichte, biographische Notizen und politische Texte

rororo rotfuchs

Leben in vergangenen Zeiten

Hexen und mutige Frauen, Ritter und Aufständische, Indianer und Piraten – Lebensbilder und aufregende Abenteuer aus vergangenen Zeiten.

Norgard Kohlhagen
Mehr als nur ein Schatten von Glück *Mathilde Franziska Anneke*
Ein Leben in abenteuerlicher Zeit
(rotfuchs 557 / ab 13 Jahre)
«Die Vernunft befiehlt uns, frei zu sein.» 1849 zieht Mathilde Franziska Anneke mit im badisch-pfälzischen Revolutionsheer. Als Soldatin, Journalistin, Frauenrechtlerin und Lehrerin kämpft sie ihr Leben lang für die bürgerlichen Grundrechte.

Willi Bredel
Die Vitalienbrüder *Ein Störtebeker-Roman*
(rotfuchs 24 / ab 11 Jahre)
«Ein freies und fröhliches Leben kennen nur Fürsten, Pfaffen und Piraten», hieß ein Sprichwort im 14. Jahrhundert. Die Vitalienbrüder, Freibeuter in der Nord- und Ostsee, machten den hanseatischen Pfeffersäcken jahrzehntelang die Geschäfte unsicher.

Ulrike Haß
Teufelstanz *Eine Geschichte aus der Zeit der Hexenverfolgung*
(rotfuchs 300 / ab 13 Jahre)
«Marie, meine Liebe, wir müssen jetzt Abschied nehmen.» Ursula Haider wird von den Knechten des Henkers abgeholt – eine Hexe soll sie sein ... Ursula hat wirklich gelebt: in Nördlingen am Ende des 16. Jahrhunderts.

Heidi Staschen
Verraten, verteufelt, verbrannt *Hexenleben*
(rotfuchs 577 / ab 12 Jahre)
Individuelle Lebensgeschichten von Frauen aus der Zeit der Hexenverfolgung

Martin Selber
Faustrecht *Timm Riedbures gefährliche Flucht*
(rotfuchs 93 / ab 9 Jahre)
Nicht einen Tag länger will Timm dem Rittersaß dienen. Nach vielen Abenteuern findet er in Magdeburg Zuflucht. Aber dort herrscht die Pest...

Frederik Hetmann
Der Rote Tag *Bericht über die Schlacht am Litte Bighorn River zwischen den Sioux und Cheyennes und der US-Kavallerie unter General Armstrong Custer.*
(rotfuchs 275 / ab 13 Jahre)

rororo rotfuchs

4008/1

Romane und Erzählungen

Romane und Erzählungen für Leser ab 8 Jahre.

Max von der Grün
Vorstadtkrokodile *Eine Geschichte vom Aufpassen*
(rotfuchs 171)
Nur wer eine gefährliche Mutprobe bestanden hat, darf Mitglied der «Krokodiler» werden. Wie kann sich der querschnittgelähmte Kurt bewähren?

Louis Pergaud
Der Krieg der Knöpfe
(rotfuchs 279)
Jedes Jahr bei Schulbeginn geht der Kampf wieder los. Seit Generationen treten die Kinder aus zwei französischen Nachbardörfern gegeneinander an... Nach diesem Buch entstand der erfolgreiche Kinofilm.

A. Agthe / M. Seck-Aghte
Flußfahrt mit Huhn *Abenteuergeschichte*
(rotfuchs 540)
Nach dieser Expedition legt Ganzo bestimmt kein Ei mehr ... Die spannende Forschungsreise kann auch als Video und im Kino miterlebt werden.

Achim Bröger
Oma und ich *Eine Kindergeschichte*
(rotfuchs 493)
Oma ist krank – und das verändert alles! Aber Jutta hat Dirk, einen guten Freund... Ausgezeichnet mit dem Deutschen Jugendliteraturpreis

Doralies Hüttner
Komm, ich zeig dir die Sonne
(rotfuchs 139)

Elke Kahlert
Einmal Wolkenkuckucksheim und zurück *Geschichten aus dem Traumexpress*
(rotfuchs 588)

Harald Grill
Gute Luft – auch wenn's stinkt *Geschichten vom Land Erzählung*
(rotfuchs 332)
Da kräht kein Hahn nach dir *Bernd zieht in die Stadt Erzählung*
(rotfuchs 548)

Christine Nöstlinger
Die verliebten Riesen
(rotfuchs 471)
Der Riese Satlasch ist auf der Fahrt zu seiner Riesenbraut Amanda, als ihm plötzlich das Benzin ausgeht ...

F. Kusch / H.-J. Schüren
Können Zähne fliegen? *Erzählung*
(rotfuchs 581)
Piet ging ins Bad, wusch sich die Tränen aus dem Gesicht und dann sagte er zu seinem Spiegelbild: «Jetzt ist Oma ein Engel. Und den werde ich nie vergessen!»

Tagtäglich

Zu Hause wird's dramatisch!
Eltern – Kinder – Konflikte

Ingeburg Kanstein
Der soll zu uns gehören? *Ein Bruder aus Südamerika*
(rotfuchs 338 / ab 9 Jahre)

Jürgen Breest
Tollwut *Erzählung*
(rotfuchs 291 / ab 12 Jahre)
Fredemanns und Oldenburger sind auf dem Kriegspfad. Es geht um Hundedreck, einen Gartenzaun, Löwenzahnsamen und Kofferradiomusik. «Einfürallemalschluß» also auch mit der Freundschaft zwischen Olli und Micki?

Uwe Friesel
Jeden Tag Spaghetti *Zelten mit Vater*
(rotfuchs 331 / ab 10 Jahre)

Volker W. Degener
Geht's uns was an? *Erzählung*
(rotfuchs 265 / ab 10 Jahre)
Bertrams Eltern starren die beiden Jungs an, und die starren die Erwachsenen an. Entsetzen und Hilflosigkeit auf beiden Seiten. «Was?» «Bertram hat Angst. Vor Ihnen. Weil Sie ihn schlagen», wiederholt Markus.
Dann nehmt doch mich! *Ein neues Zuhause für Bertram*
(rotfuchs 497 / ab 11 Jahre)

Norma Mazer
Wenn jemand anruft, sag ihm, ich wär tot *Jugendroman*
(rotfuchs 390 / ab 14 Jahre)

Robert Fischer
Der hat uns gerade noch gefehlt *Eine Tochter macht was mit Erzählung*
(rotfuchs 529 / ab 11 Jahre)

Felicitas Naumann
Den Vater denk ich mir
(rotfuchs 418 / ab 13 Jahre)
«Der Vater, den ich mir denke, ist anders. Der haut nicht einfach ab, der ist da.» Für Mark und seine Mutter beginnt ein neues Leben...

Doralies Hüttner
Komm, ich zeig dir die Sonne
(rotfuchs 139 / ab 9 Jahre)

Irene Strothmann
Das schaffst du nie! *Eine Wette*
(rotfuchs 569 / ab 8 Jahre)
Topp, die Wette gilt! Wer wird sie gewinnen: Kim, die mit ihrer Mannschaft den begehrten Fußballpokal holen will, oder ihr jüngerer Bruder Arthur, der mit einem Weltrekord im Guinness-Buch stehen möchte? Die Spannung zwischen den Geschwistern wächst ...

rororo rotfuchs